AF597612

Band 24

Schriften zum Notarrecht

Herausgegeben von der
Deutschen Notarrechtlichen Vereinigung e.V. (NotRV)

Prof. Dr. Wolfgang Lüke und Notar Dr. Joachim Püls
(Hrsg.)

E-Justiz: Notare als Mittler und Motoren im elektronischen Rechtsverkehr

Tagungsband des 3. Dresdner Forums für Notarrecht

Nomos

Die Deutsche Nationalbibliothek verzeichnet diese Publikation in der Deutschen Nationalbibliografie; detaillierte bibliografische Daten sind im Internet über http://dnb.d-nb.de abrufbar.

ISBN 978-3-8329-6755-0

1. Auflage 2011

Vorwort

Der elektronische Rechtsverkehr gehört in der Praxis der Notariate und Registergerichte längst zum Alltag. Er hat seit dem Inkrafttreten des Gesetzes über die Einführung eines elektronischen Handels- und Unternehmensregisters am 1. Januar 2007 zunehmend an Bedeutung gewonnen. In Grundbuchsachen steht dessen endgültige Einführung unmittelbar bevor. Es ist daher abzusehen, dass mittelfristig neben dem Handelsregisterverkehr auch der gesamte Grundbuchverkehr ausschließlich elektronisch abgewickelt wird.

Die seit Einführung des elektronischen Rechtsverkehrs in Handelsregistersachen gemachten Erfahrungen sind durchweg positiv. Die Umstellung vom konventionellen auf den elektronischen Rechtsverkehr erfolgte nahezu reibungslos, die Eintragungszeiten im Handelsregister haben sich verkürzt und die Rechtssicherheit von Eintragungen ist weiterhin auf sehr hohem Niveau gewährleistet. Gerichte und Notare haben daher eindrucksvoll unter Beweis gestellt, dass sie nicht nur willens, sondern auch in der Lage sind, den besonderen Anforderungen, welche die fortschreitende technische Entwicklung stellt, zu genügen.

Angesichts des kurzen Zeitraums seit Einführung des elektronischen Rechtsverkehrs sind dessen Auswirkungen, aber auch seine weitere Entwicklung vom heutigen Standpunkt aus noch nicht mit Sicherheit zu beurteilen. Kein Zweifel besteht aber daran, dass in Zukunft der elektronische Rechtsverkehr in weiteren zentralen Rechtsbereichen beherrschend sein wird. Den Notaren kommt dabei eine besondere Rolle zu. Sie tragen dafür Sorge, dass die öffentliche Urkunde im digitalen Zeitalter ihren hohen Beweiswert behält. Sie sind zudem bewährte Anlaufstelle für die Bürger und Unternehmen, wenn es um die Kommunikation mit den Gerichten in Register- und Grundbuchsachen geht. Die Notare können daher - wie die Entwicklung der vergangenen 20 Jahre zeigt - als „Mittler im elektronischen Rechtsverkehr" bezeichnet werden und nehmen in dieser Entwicklung eine Schlüsselstellung ein.

Der elektronische Rechtsverkehr und die besondere Rolle der Notare hierbei standen im Mittelpunkt des 3. Dresdner Forums für Notarrecht, das am 11. Juni 2010 stattfand. Bei dieser von der Notarkammer Sachsen, der Juristischen Fakultät der Technischen Universität Dresden und der Deutschen Notarrechtlichen Vereinigung e.V. (NotRV) gemeinsam organisierten Veranstaltung wurde zum einen der bisherige Stand der Entwicklungen erörtert und zum anderen ein Ausblick in die Zukunft gegeben.

Die Aktualität und die große praktische Bedeutung des Tagungsthemas spiegelten sich sowohl in der Zahl der Teilnehmer als auch in den rege geführten Diskussionen zu den einzelnen Referaten wider. In diesem Tagungsband sind die Beiträge aller Referenten zusammengefasst, denen der besondere Dank der Veranstalter für das Gelingen der Tagung gebührt.

Dresden, im Mai 2011

Prof. Dr. Wolfgang Lüke
Dr. Joachim Püls

Inhaltsverzeichnis

Verbraucherschutz durch Notare im Wandel der Zeit – Anforderungen an die verbraucherschützende Qualität notarieller Tätigkeit im Zeitalter des elektronischen Rechtsverkehrs

Prof. Dr. Wolfgang Lüke, LL.M. (Chicago), Technische Universität Dresden

I. Einleitung

1. Der Begriff des Verbraucherschutzes

Der Verbraucherschutz ist erstmals von *John F. Kennedy* 1962 als politisches Ziel formuliert worden und gewann in der Folgezeit an Bedeutung.[1] Ähnliche Entwicklungen fanden in weiteren Staaten, auch in Deutschland statt. Verbraucherschützende Regelungen wurden durch nationale Gesetze, wie z.B. das Abzahlungsgesetz in das deutsche Zivilrecht eingeführt; das Gesetz über die Allgemeinen Geschäftsbedingungen (AGBG) enthielt (auch) verbraucherschützende Regelungen.[2] Diese Regelungen waren jedoch zunächst allgemein gefasst und galten im Prinzip nicht nur für Verbraucher. Der Begriff des Verbrauchers als gesetzliches Tatbestandsmerkmal entstand erst später, im Jahr 1996 z.B. in § 24a AGBG.[3] Seit dem Jahr 2000 ist der Begriff des Verbrauchers (§ 13 BGB) neben dem des Unternehmers (§ 14 BGB) im Bürgerlichen Gesetzbuch (BGB) für das Privatrecht einheitlich definiert. Demnach ist Verbraucher „jede natürliche Person, die ein Rechtsgeschäft zu einem Zwecke abschließt, der weder ihrer gewerblichen noch ihrer selbständigen beruflichen Tätigkeit zugerechnet werden kann." Die Definition entspricht im Wesentlichen den geltenden europarechtlichen Vorgaben,[4] geht aber auch darüber hinaus,[5] da durch die Stellung des Verbraucherbegriffs im Allgemeinen Teil sämt-

1 *Lüke*, Selbstbestimmung und Verbraucherschutz, in: Selbstbestimmung in der modernen Gesellschaft aus deutscher und japanischer Sicht, Freiburger Rechts- und Staatswissenschaftliche Abhandlungen, Bd. 62, 1997, 257; *Honsell*, ZIP 2008, 621, 623.

2 *Lüke*, Selbstbestimmung und Verbraucherschutz, in: Selbstbestimmung in der modernen Gesellschaft aus deutscher und japanischer Sicht, Freiburger Rechts- und Staatswissenschaftliche Abhandlungen, Bd. 62, 1997, 257, 260, 262; MünchKomm-BGB/*Micklitz*, 5. Aufl., Vor §§ 13, 14 Rz. 19 f.

3 Eingefügt durch Gesetz vom 19.07.1996 (BGBl. I 1013).

4 Dazu ausführlich *Böhr*, RNotZ 2003, 277, 278, 280 ff.; *Ultsch*, Der einheitliche Verbraucherbegriff, 2006, 73 (zum europäischen Verbraucherbegriff), 273 ff. (zur Vereinbarkeit der §§ 13,14 BGB mit den europarechtlichen Vorgaben, außer mit der Richtlinie zum E-Commerce). Dann muss eine richtlinienkonforme Auslegung erfolgen; MünchKomm-BGB/*Micklitz*, 5. Aufl., § 13 Rz. 4 ff.

5 *Ultsch*, Der einheitliche Verbraucherbegriff, 2006, 273 ff.

liche Vertragsbeziehungen als Verbrauchergeschäfte erfasst werden können, und nicht nur diejenigen Verträge, die in den Anwendungsbereich der verbraucherschützenden europäischen Richtlinien fallen.[6]

Die zahlreichen Sonderregelungen für Verbraucher führen letztendlich dazu, dass sich in vielen Bereichen allmählich ein für Verbraucher geltendes Sonderprivatrecht herausbildet,[7] was einerseits natürlich verbraucherschützend wirkt, andererseits aber die Einheitlichkeit des BGB erodiert, da eine bestimmte Gruppe von Personen eine privatrechtliche Sonderbehandlung erfährt.[8]

2. *Die Quellen des Verbraucherschutzes*

Grundlage vieler verbraucherschützender Regelungen sind europäische Richtlinien zum Schutz des Verbrauchers, die in den jeweiligen nationalen Rechtsordnungen implementiert wurden.[9] Es fand insofern allerdings keine systematische Entwicklung statt, sondern es vollzog sich eine anlassbezogene Richtliniengebung. Der Verbraucher sollte in spezifischen Geschäftssituationen geschützt werden (situative[10] und vertragsspezifische[11] Komponente), wie z.B. bei Abschluss von Verträgen außerhalb von Geschäftsräumen (Vertragsschlussmodalität), Formular- (Inhaltskontrolle) und Finanzierungsverträgen sowie beim Verbrauchsgüterkauf (Vertragstyp).[12]

Die Ermächtigung für die Schaffung verbraucherschützender Regelungen findet sich heute in Art. 114 Abs. 3 und 169 AEUV.[13] Verbraucherschützende Regelungen werden meist durch Richtlinien nach Art. 288 Abs. 3 AEUV erlassen, die dann durch die einzelnen Mitgliedsstaaten in nationales Recht umgesetzt werden müssen. Dies erfolgte in Deutschland seit der Schuldrechtsreform im Jahr 2002 vor allem durch die Integration der betreffenden Regelungen in das BGB.[14] Dies gilt z.B. für die Regelungen zu Teilzeit-Wohnrechteverträgen (§§ 481-487 BGB),

6 *Prütting*/Wegen/Weinreich, 6. Aufl., 2011, § 13 Rz. 6; zur Zulässigkeit siehe MünchKomm-BGB/*Micklitz*, 5. Aufl., Vor §§ 13, 14 Rz. 31 ff.

7 MünchKomm-BGB/*Micklitz*, 5. Aufl., Vor §§ 13, 14, Rz. 15 ff., 22; *Böhr*, RNotZ 2003, 277, 279. Die Integration in das BGB könnte zu einer Umorientierung führen, MünchKomm-BGB/*Micklitz*, 5. Aufl., Vor §§ 13, 14, Rz. 15.

8 *Honsell*, ZIP 2008, 621, 623 f.

9 Vgl. ausführlich zur historischen Entwicklung MünchKomm-BGB/*Micklitz*, 5. Aufl., Vor §§ 13, 14, Rz. 24 ff.

10 *Böhr*, RNotZ 2003, 277, 278.

11 *Ultsch*, Der einheitliche Verbraucherbegriff, 2006, 39.

12 MünchKomm-BGB/*Micklitz*, 5. Aufl., Vor §§ 13, 14, Rz. 28.

13 Siehe zum Verhältnis der Ermächtigungsgrundlagen *Gebauer/Wiedmann*, Zivilrecht unter europäischem Einfluss, 2005, Kap. 1 Rz. 21 f.

14 Kritisch *Honsell*, ZIP 2008, 621, 624; MünchKomm-BGB/*Micklitz*, 5. Aufl., Vor §§ 13, 14, Rz. 15.

Haustürwiderrufssituationen, Verbraucherdarlehensverträgen (auch Immobiliardarlehensverträgen),[15] den Allgemeinen Geschäftsbedingungen und den Verzugsregelungen.[16]

3. *Das gesetzliche Verbraucherleitbild*

Die Intensität des Verbraucherschutzes hängt entscheidend davon ab, welches Verbraucherleitbild bei der Anwendung der jeweils verbraucherschützenden Norm zugrunde gelegt wird. In der Vergangenheit ging die Rechtsprechung – insbesondere im Rahmen der Auslegung Allgemeiner Geschäftsbedingungen – vom rechtsunkundigen, strukturell unterlegenen Verbrauchers aus.[17] V.a. im Wettbewerbsrecht betonten die Gerichte lange Zeit, dass auf Verbraucherseite mit einer unkritischen und flüchtigen Betrachtungsweise gerechnet werden muss.[18] Mittlerweile kann jedoch davon ausgegangen werden, dass – im Einklang mit den Vorgaben des Europäischen Gerichtshofs[19] – der *durchschnittlich informierte, aufmerksame und verständige Durchschnittsverbraucher* als gesetzliches Leitbild auch im nationalen Recht anzusehen ist.[20]

4. *Die Instrumente des Verbraucherschutzes*

Die Regelungen zum Schutz des Verbrauchers lassen sich unterschiedlich kategorisieren; sie enthalten im Wesentlichen Informationspflichten, Widerrufsrechte und eine nachträgliche Inhaltskontrolle bestimmter Klauseln.[21] Man kann daher v.a. danach differenzieren, wann der Schutz des Verbrauchers stattfindet: vor oder nach Vertragsschluss. Während die präventiven Regelungen, wie z.B. vorvertragliche Informationspflichten, den Verbraucher in die Lage versetzen sollen, sich über die

15 Der Notar muss in der notariellen Urkunde bestätigen, dass die Rechte des Darlehensnehmers nach §§ 491a und 492 BGB gewahrt sind, damit das Widerrufsrecht des Darlehensnehmers nach § 495 Abs. 1 BGB gem. § 495 Abs. 3 Nr. 2 BGB ausgeschlossen ist, vgl. dazu Prütting/Wegen/Weinreich/*Kessal-Wulf*, 6. Aufl., 2011, § 495 Rz. 8. Ansonsten könnte ein Widerruf des Darlehensvertrages auch auf den Erwerb des Grundstücks durchgreifen, § 358 Abs. 2 BGB, wenn es sich um ein verbundenes Geschäft handelt. Dies ist bei dem finanzierten Erwerb des Grundstücks allerdings nur der Fall, wenn der Darlehensgeber mit dem Unternehmer (also Verkäufer des Grundstücks) zusammenwirkt, Prütting/Wegen/Weinreich/*Medicus/Stürner*, 6. Aufl., 2011, § 358 Rz. 12; *Böhr*, RNotZ 2003, 277, 289 f.

16 Vgl. dazu auch *Böhr*, RNotZ 2003, 277 ff.

17 *Heiderhoff*, Grundstrukturen des nationalen und europäischen Verbrauchervertragsrechts, 2004, 282 ff.; MünchKomm-BGB/*Micklitz*, 5. Aufl., Vor §§ 13, 14, Rz. 98; § 13 Rz. 4.

18 *Götting*/Nordemann, UWG-Handkommentar, 1. Aufl., 2010, § 1 Rz.16 m.w.N.

19 EuGH GRUR Int. 1998, 795, 797.

20 BGHZ 156, 250, 252 f. („Orient-Teppichmuster-Fall“).

21 *Drexl*, Die wirtschaftliche Selbstbestimmung des Verbrauchers, 1998, 449.

rechtliche und/oder wirtschaftliche Tragweite des betreffenden Geschäfts Klarheit zu verschaffen, geben nachträgliche Instrumente, wie etwa Widerrufsrechte, dem Verbraucher die Möglichkeit, sich von solchen Rechtsgeschäften zu lösen, deren Tragweite er bei Vertragsschluss falsch eingeschätzt hatte.

Neben dem materiellen Recht findet Verbraucherschutz auch durch Verfahrensrecht statt, wobei unterschiedliche Regelungsformen existieren. Hinzuweisen ist hier nur auf das Klagerecht von Verbraucherschutzverbänden nach dem Unterlassungsklagegesetz[22] oder die Geltendmachung von Zahlungsansprüchen des Verbrauchers durch Verbraucherverbände als Prozessstandschafter (§ 79 Abs. 1 Satz 2, Abs. 2 Nr. 3 ZPO). Zudem werden auf europäischer Ebene Maßnahmen zur kollektiven Rechtsdurchsetzung der Verbraucher in Erwägung gezogen.[23]

5. Die Rolle des Notars als Gegenstand des Beitrages

Auch das notarielle Beurkundungsverfahren und dessen Ausgestaltung können verbraucherschützenden Charakter haben. In dieser Hinsicht geht es um die Frage, welche Schutzinstrumente zugunsten von Verbrauchern im notariellen Beurkundungsverfahren zu finden sind und wie diese wirken. Hierauf soll das Hauptaugenmerk der nachfolgenden Erörterungen liegen. Es wird betrachtet, ob der Notar als Organ der vorsorgenden Rechtspflege auch als verbraucherschützende Instanz betrachtet werden kann und inwieweit durch die notariellen Prüfungs- und Belehrungspflichten nach § 17 BeurkG auch präventiver Verbraucherschutz im Sinne einer Aufklärung des Verbrauchers und eines Schutzes vor Übereilung ausgeübt wird. Dabei wird zwischen den allgemeinen Prüfungs- und Belehrungspflichten nach § 17 Abs. 1, 2 und 2a Satz 1 und den speziell verbraucherschützenden Pflichten aus § 17 Abs. 2a Satz 2 BeurkG zu unterscheiden sein.

Neben der Schaffung einer „optimalen Entscheidungsgrundlage für den Verbraucher“[24] kann diesem auch die Möglichkeit gegeben werden, „die so gewonnene Entscheidungsgrundlage“ etwa durch Bedenkfristen zu nutzen.[25]

Im Zusammenhang mit dem zunehmenden elektronischen Rechtsverkehr, insbesondere im Bereich der notariellen Tätigkeit, stellt sich zudem die Frage, wie

22 Dabei handelt es sich um ein eigenes Klagerecht der Verbraucherschutzverbände, *Micklitz*/Rott/Docekal/Kolba, Verbraucherschutz durch Unterlassungsklagen, 2007, 35, 37; MünchKomm-ZPO/*Micklitz*, 3. Aufl., § 3 UKlaG Rz. 2 ff.

23 Siehe Grünbuch der Europäischen Kommission über kollektive Rechtsdurchsetzungsverfahren für Verbraucher, KOM (2008) 794 endg.

24 *Kemper*, Verbraucherschutzinstrumente, 1994, 185.

25 *Kemper*, Verbraucherschutzinstrumente, 1994, 186.

dieser sich auf die Position des Verbrauchers auswirkt und ob und ggf. welche Maßnahmen notwendig sind, um einen Schutz des Verbrauchers auch in dieser Hinsicht zu gewährleisten.

II. Die Tätigkeit des Notars bei Verbraucherverträgen im Beurkundungsverfahren

Um nun die einzelnen Prüfungs- und Belehrungspflichten des Notars zu untersuchen, werden zunächst die jeweiligen Formvorschriften und deren Zweck sowie den regulären Gang des notariellen Beurkundungsverfahrens bei Beteiligung eines Verbrauchers betrachtet.

1. Die notariellen Formvorschriften

Viele beurkundungspflichtige Vermögensgeschäfte unter Lebenden können Verbraucher betreffen. Die notarielle Beurkundung (§ 128 BGB) hat dabei die klassischen drei Funktionen – Übereilungs-, Warn- und Beweisfunktion –, die dem Individualschutz der Parteien zuzuordnen sind. Des Weiteren soll durch Einschaltung des Notars die Gültigkeit des abgeschlossenen Rechtsgeschäfts („Gültigkeitsgewähr") und die Belehrung der Parteien („Schutzfunktion") gewährleistet sein.[26] Allgemein kann von Aspekten der Sicherheit des Rechtsverkehrs gesprochen werden.

Die notarielle Form ist nach § 311b Abs. 1 Satz 1 BGB vorgeschrieben für Verpflichtungsgeschäfte bezüglich der Übertragung des Eigentums an einem Grundstück, nach § 311b Abs. 2 BGB für die Übertragung des oder eines Bruchteils des künftigen Vermögens, nach § 311 b Abs. 3 BGB für die Übertragung des oder eines Bruchteils des gegenwärtigen Vermögens sowie nach § 311 b Abs. 3 Satz 2 BGB für Verträge, die unter künftigen Erben über den gesetzlichen Erb- oder Pflichtteil geschlossen werden. Weitere Formvorschriften finden sich in 518 Abs. 1 BGB (Schenkungsversprechen), 873 Abs. 2 BGB (notarielle Beurkundung der dinglichen Einigung), § 2371 BGB (Verkauf der angefallenen Erbschaft), § 794 Abs. 1 Nr. 5 ZPO (Unterwerfung unter die sofortige Zwangsvollstreckung) sowie § 15 Abs. 4 GmbHG (Verpflichtung des Gesellschafters zur Abtretung von Anteilen). In allen genannten Fällen können natürliche Personen involviert sein, die durch die vorgeschriebene Form geschützt werden sollen und auch schützenswert sind.[27] Die

26 So MünchKomm-BGB/*Kanzleiter*, 5. Aufl., § 311b Rz. 1.

27 Dennoch sind dies keine verbraucherschützenden Vorschriften, da sie nicht den „Schwächeren" schützen, sondern jedermann; vgl. zu den einzelnen Vorschriften *Schöttler*, Verbraucherschutz durch Verfahren, 2003, 16 ff., 24.

Formvorschriften dienen damit allgemein dem Schutz des einzelnen Vertragspartners (**Individualschutz**), unabhängig davon ob dieser Verbraucher oder Unternehmer ist.[28]

Dennoch können viele notariell beurkundete Verträge (vor allem Grundstückskaufverträge) Verbraucherverträge im Sinne des § 310 Abs. 3 BGB darstellen – nämlich dann, wenn auf der einen Seite ein Unternehmer (§ 14 BGB) und auf der anderen Seite ein Verbraucher (§ 13 BGB) handeln. Verbraucherverträge sind häufig die Bestellung von Grundpfandrechten, insbesondere Finanzierungsgrundschulden,[29] Geschäftsbesorgungs- und Mietgarantieverträge[30] sowie Verträge über die Beteiligung an Gesellschaften, etwa dem Erwerb eines Kommanditanteils an einem geschlossenen Immobilienfonds. Bei Vorliegen eines Verbrauchervertrages hat der Notar zum einen den Verbraucher über zwingende verbraucherschützende Regelungen des materiellen Rechts aufzuklären (AGB-Vorschriften §§ 305 ff. BGB, Verbraucherdarlehensvertrag §§ 491 ff. BGB, Teilzeit-Wohnrechtevertrag, §§ 481 ff. BGB, Regelungen der MaBV) und zum anderen die besonderen Belehrungsfunktionen des § 17 Abs. 2a Satz 2 BeurkG gegenüber Verbrauchern zu erfüllen. Findet eine Beurkundung statt, ist es für die Entstehung der o.g. Pflichten des Notars selbstverständlich unerheblich, ob das Rechtsgeschäft beurkundungspflichtig ist oder eine Beurkundung überobligatorisch erfolgt.

Bei Beteiligung eines Verbrauchers ist die Vorbereitung und Beurkundung des Rechtsgeschäfts daher nach den im Folgenden zu erörternden Maßgaben durchzuführen.

2. *Die Phase vor der Beurkundung*

a) Das Vorgepräch

Vor der Beurkundung des Rechtsgeschäftes gibt es zur Vorbereitung des Termins in der Regel ein Vorgespräch, welches zunehmend durch die elektronische Kommunikation ersetzt wird. So werden Terminabsprachen und Entwürfe per E-Mail versandt. Meist stammen die Entwürfe entweder vom Unternehmer oder werden vom Notar selbst erstellt. Sie können aber auch von dem Anwalt einer der Vertragsparteien erstellt werden. Bereits hier wird der Schutz des Verbrauchers bei der Durchsicht eines Vertragsentwurfes notwendig sein. Er wird sich regelmäßig mit den vertraglichen Regelungen vertraut machen wollen. Für den Verbraucher wäre es notwendig, wesentliche Informationen zum Rechtsgeschäft zu erhalten, um das

28 *Schöttler*, Verbraucherschutz durch Verfahren, 2003, 24.
29 Siehe dazu *Maaß*, ZNotP 2004, 216, 218.
30 *Winkler*, BeurkG, 16. Aufl., 2008, § 17 Rz. 115.

Informationsgefälle zwischen Unternehmer und Verbraucher abzumildern[31] – er soll schließlich in die Lage versetzt werden, aufgrund der Informationen eine selbstbestimmte Entscheidung zu treffen.[32]

b) Die Überprüfung von Fremdentwürfen

Häufig stammen gerade bei Verbraucherverträgen die Entwürfe vom Unternehmer oder von dessen Anwälten. Bei solchen dem Notar übermittelten Fremdentwürfen hat der Notar gemäß § 17 Abs. 1 Satz 1 BeurkG bereits vorab die Klauseln auf ihre Wirksamkeit (z.B. nach den AGB-rechtlichen Bestimmungen) zu überprüfen; er darf nicht voraussetzen, dass der ihm vorliegende Entwurf dem Willen aller Beteiligten entspricht.[33] Fraglich ist, ob die Kenntnisnahme eines notariell vorab geprüften Vertrages allein schon den Informationsstand des Verbrauchers verbessert. Dies wird in der Regel nicht der Fall sein, da sich dem Rechtsunkundigen die vorgesehenen Regelungen und deren rechtliche und wirtschaftliche Folgen bei bloßer Kenntnisnahme regelmäßig nicht erschließen (z.B. die Regelungen der Vorleistungen, Gewährleistungsausschlüsse, Sinn und Zweck einer Vormerkung und der Auflassung, Unterwerfung unter die sofortige Zwangsvollstreckung). Um die Auswirkungen des Vertrages ermessen zu können, müsste der Verbraucher daher schon in diesem Stadium aufgeklärt werden – er müsste sich qualifizierten Rat einholen. Dies kann durch die Hinzuziehung eines Rechtsanwalts (bei Anfall von zu den Notargebühren dazukommenden Rechtsanwaltsgebühren) oder die präventive Rechtsberatung durch Verbraucherschutzvereine erfolgen. Aber auch der Notar kann bereits in Vorbereitung der Beurkundungsverhandlung den Verbraucher über die rechtlichen Folgen vertraglicher Regelungen aufklären. Hierfür kann die schnellere Kommunikation im E-Mailverkehr von Vorteil sein. Allerdings hat der Notar dabei, wie im gesamten Verfahren, das **Gebot der Überparteilichkeit** nach §§ 1,14 BNotO zu beachten. Er muss insofern die Interessen der anderen Vertragspartei berücksichtigen. Die Beratung durch einen Rechtsanwalt wäre hier u.U. weitreichender, denn der Rechtsanwalt vertritt in diesem Fall ausschließlich die Interessen des Verbrauchers. Auf die andere Vertragspartei muss er insoweit grundsätzlich keine Rücksicht nehmen.[34] Eine eingehende Beratung des Verbrauchers könnte gegebenenfalls auch ein Verbraucherschutzverein leisten.

31 *Kemper*, Verbraucherschutzinstrumente, 1994, 185; *Heiderhoff*, Grundstrukturen des nationalen und europäischen Verbrauchervertragsrechts, 2004, 266.
32 *Drexl*, Die wirtschaftliche Selbstbestimmung des Verbrauchers, 1998, 543; *Kemper*, Verbraucherschutzinstrumente, 1994, 186.
33 *Armbrüster*/Preuß/Renner, BeurkG/DONot, 5. Aufl., 2009, § 17 Rz. 50.
34 *Fahrendorf*/Mennemeyer/Terbille, Die Haftung des Rechtsanwalts, 8. Aufl., 2009, Rz. 537 ff.

c) Bedenkzeit für den Verbraucher

Nach § 17 Abs. 2a Satz 2 Nr. 2 ist für den Verbraucher eine Bedenkzeit vorgesehen, wobei in der Regel eine Frist von zwei Wochen verlangt wird. Diese Bedenkzeit soll dem Verbraucher dazu dienen, sich mit den Regelungen des Vertrages vertraut zu machen und ihn vor übereilten Entscheidungen schützen. Fraglich ist, inwieweit die Bedenkzeit die Position des Verbrauchers verbessern kann.

Hintergrund der Regelung ist, dass es in der Vergangenheit insbesondere bei dem Vertrieb so genannter „Schrottimmobilien" zu Situationen kam, in denen Käufer zur Beurkundung von Grundstückskaufverträgen erschienen, ohne dass sie vorher die Gelegenheit hatten, sich mit den rechtlichen und wirtschaftlichen Aspekten des Kaufs zu befassen.[35] Häufig wurde den Verbrauchern wohl auch suggeriert, der Notar habe auch die wirtschaftliche Ausgewogenheit der Vereinbarung geprüft.[36] Im Jahre 2002 wurde durch das OLG-Vertretungsänderungsgesetz[37] daher die Regelung zur Bedenkzeit nach § 17 Abs. 2a Satz 2 BeurkG eingeführt.

Für den Beginn der Bedenkzeit muss der Verbraucher den Vertragstext übermittelt bekommen. Dabei genügt es, wenn er diesen vom Unternehmer erhält, ohne dass der Unternehmer ihn bereits an den einzelnen Verbraucher angepasst oder der Notar ihn bereits geprüft hat.[38] Durch diese Regelung soll der Verbraucher die Möglichkeit erhalten, sich zu überlegen, welche Fragen er dem Notar im Beurkundungstermin stellen und ob er sich anderweitigen Rat einholen möchte.[39] Wie bereits oben gesagt, kann die einfache Kenntnisnahme des Vertragstextes durch den Verbraucher – sei sie auch für die Frist von zwei Wochen – seine Position nicht verbessern, denn die im Vertrag enthaltenen Regelungen werden sich ihm häufig nicht erschließen. Die Bedenkfrist kann nur dann ihre Wirkung entfalten, wenn bereits alle Informationen für die Entscheidungsgrundlage vorliegen, d.h. der Verbraucher schon aufgeklärt wurde.[40] Dies wird hier regelmäßig (noch) nicht der Fall sein. Deshalb ist die Bedenkfrist lediglich ein Instrument, um den Verbraucher vor Vertragsschlüssen zu bewahren und bleibt eine Reaktion auf die Fälle der „Mitternachtsnotare" bei Strukturvertrieben.

Umstritten ist die Frage, inwieweit es sich bei der Zwei-Wochen-Frist um eine starre Frist handelt bzw. ob in bestimmten Fällen auf deren strikte Einhaltung ver-

35 *Schmucker*, DNotZ 2002, 510, 513.

36 *Schmucker*, DNotZ 2002, 510, 513.

37 Gesetz zur Änderung des Rechts der Vertretung durch Rechtsanwälte vor den Oberlandesgerichten, BGBl. I 2002, 2850.

38 *Armbrüster*/Preuß/Renner, BeurkG/DONot, 5. Aufl., 2009, § 17 Rz. 183; *Winkler*, BeurkG, 16. Aufl., 2008, § 17 Rz. 167.

39 *Armbrüster*/Preuß/Renner, BeurkG/DONot, 5. Aufl., 2009, § 17 Rz. 184 mit Verweis auf die Gesetzesbegründung in BT-Drs. 14/9266, 50.

40 *Kemper*, Verbraucherschutzinstrumente, 1994, 185.

zichtet werden kann.[41] Tatsächlich hängt von der formalen Einhaltung der Zwei-Wochen-Frist nicht unbedingt und in jedem Einzelfall ab, wie schnell und ausführlich sich der Verbraucher mit dem Vertrag befasst. Daher handelt es sich bei der Frist um eine Regelvoraussetzung.[42] Der Notar sollte einschätzen dürfen, ob der Verbraucher ausreichend Bedenkzeit hatte, um sich mit der Materie des Rechtsgeschäfts vertraut zu machen[43] oder besondere Eilbedürftigkeit vorlag.[44] Dabei wird er zum einen auf den einzelnen Verbraucher abstellen und den Verbraucher zum anderen über die vorgeschriebene Bedenkzeit von zwei Wochen informieren müssen.[45] Keinesfalls führt die unterbliebene Einhaltung der Frist zur Unwirksamkeit des beurkundeten Geschäfts.[46]

3. Der Beurkundungstermin

a) Die Bedeutung der Beurkundungsverhandlung

Der Beurkundungsverhandlung kommt eine zentrale Bedeutung zu. In ihr erläutert der Notar die wesentlichen (rechtlichen) Informationen durch Hinweise und Belehrungen und zeigt Risiken und Wege zur Risikovermeidung auf. Diese Pflichten ergeben sich aus § 17 Abs. 1 und 2 BeurkG und gelten unterschiedslos gegenüber allen Beteiligten am Urkundsverfahren. Fraglich ist, ob die Prüfungs- und Belehrungspflichten gegenüber Verbrauchern als Aufklärung und Informationserteilung im Sinne eines Instruments des präventiven Verbraucherschutzes anzusehen sind.[47]

b) Die Verpflichtung des Notars zur Niederschrift

Gemäß §§ 8, 9 Abs. 1 Nr. 2 BeurkG ist eine Niederschrift der Verhandlung aufzunehmen, die neben der Bezeichnung des Notars und der Beteiligten auch die Erklärungen der Beteiligten enthalten muss. Gemäß § 13 Abs. 1 Satz 1 BeurkG muss diese Niederschrift vom Notar in Gegenwart der Beteiligten verlesen, von den Beteiligten genehmigt und eigenhändig unterschrieben werden. Das Verlesen der Er-

41 *Armbrüster*/Preuß/Renner, BeurkG/DONot, 5. Aufl., 2009, § 17 Rz. 185 f. m.w.N.
42 *Schmucker*, DNotZ 2002, 510, 519; *Winkler*, BeurkG, 16. Aufl., 2008, § 17 Rz. 180.
43 *Brambring*, ZfIR 2002, 597, 606; *Winkler*, BeurkG, 16. Aufl., 2008, § 17 Rz. 185; *Armbrüster*/Preuß/Renner, BeurkG/DONot, 5. Aufl., 2009, § 17 Rz. 186.
44 *Winkler*, BeurkG, 16. Aufl., 2008, § 17 Rz. 187 ff. mit einzelnen Beispielen.
45 *Armbrüster*/Preuß/Renner, BeurkG/DONot, 5. Aufl., 2009, § 17 Rz. 186.
46 *Armbrüster*/Preuß/Renner, BeurkG/DONot, 5. Aufl., 2009, § 17 Rz. 188.
47 So *Vollkommer*, ZfIR 2004, 578, 581, der dem Beurkundungsverfahren die Aufgabe des verfahrensrechtlichen Verbraucherschutzes beimisst.

klärungen soll sicherstellen, dass die Vertragsparteien von den getroffenen Vereinbarungen und der Verbindlichkeit ihrer Erklärungen Kenntnis erlangen.[48] Der Verbraucher erhält mit dem Verlesen der Urkunde alle wesentlichen Informationen zum Vertragsgegenstand, dem zu zahlenden Kaufpreis und zu den Vertragsbedingungen. So soll vermieden werden, dass die Parteien von einigen Vertragsbedingungen keine Kenntnis haben, etwa weil sie den Vertragstext noch nicht gelesen haben.[49] Das Verlesen der Urkunde bewirkt also, dass der Verbraucher Kenntnis aller Vertragsbedingungen (auch etwaiger Allgemeiner Geschäftsbedingungen) hat, was in anderen Verbraucherverträgen des täglichen Lebens nicht immer der Fall ist. Allein die Kenntnis der Regelungen verschafft dem Verbraucher aber keine Aufklärung und ist daher noch nicht verbraucherschützend.

c) Die Belehrungspflichten des Notars

Fraglich ist, ob Verbraucherschutz durch die Belehrungspflichten bewirkt werden kann. Nach § 17 BeurkG treffen den Notar bei der Beurkundung sämtliche Prüfungs- und Belehrungspflichten.[50] Er hat den Sachverhalt aufzuklären, den Willen der Beteiligten zu erforschen, die Beteiligten über die rechtliche Tragweite des Rechtsgeschäfts zu belehren und die Erklärungen klar und unzweideutig in der Niederschrift wiederzugeben.[51] Eine Sachverhaltsaufklärung und die Erforschung des Willens der Beteiligten kann bereits in Vorbereitung des Termins stattgefunden haben, der Notar hat diese aber auch während der Beurkundungsverhandlungen vorzunehmen.[52] Gerade die Belehrungen durch den Notar können eine umfassende Willensbildung ermöglichen.[53] Insbesondere der gegenüber dem Unternehmer regelmäßig unterlegene Verbraucher wird erst nach der Aufklärung über die rechtliche Tragweite der zu beurkundenden Vereinbarung durch die erfolgte „intellektuelle Gleichstellung“[54] mit dem Vertragspartner seine Vorstellungen formulieren können. Die Belehrungen haben daher so zu erfolgen, dass der Verbraucher durch

48 *Schöttler*, Verbraucherschutz durch Verfahren, 2003, 41.
49 *Schöttler*, Verbraucherschutz durch Verfahren, 2003, 41.
50 *Winkler*, BeurkG, 16. Aufl., 2008, § 17 Rz. 68.
51 *Winkler*, BeurkG, 16. Aufl., 2008, § 17 Rz. 68; *Armbrüster*/Preuß/Renner, BeurkG/DONot, 5. Aufl., 2009, § 17 Rz. 17.
52 *Armbrüster*/Preuß/Renner, BeurkG/DONot, 5. Aufl., 2009, § 17 Rz. 22.
53 *Armbrüster*/Preuß/Renner, BeurkG/DONot, 5. Aufl., 2009, § 17 Rz. 22; *Münch*, DNotZ 2004, 901, 909.
54 *Schöttler*, Verbraucherschutz durch Verfahren, 2003, 45; *Heiderhoff*, Grundstrukturen des nationalen und europäischen Verbrauchervertragsrechts, 2004, 266.

eine verständliche Erläuterung der rechtlichen Konsequenzen seiner Erklärungen eine Vorstellung über die eintretenden Verpflichtungen gewinnen kann.[55] Ihre Grenze finden diese Verpflichtungen freilich in der Unparteilichkeit des Notars gem. §§ 1, 14 BNotO.[56]

d) Die allgemeine Betreuungspflicht des Notars

Stellt der Notar fest, dass einem Beteiligten ein Schaden droht, dessen sich derjenige aus tatsächlichen oder rechtlichen Gründen nicht bewusst ist, und die besonderen Umstände für den drohenden Schaden sich aus der rechtlichen Gestaltung des Vertragswerkes ergeben, trifft ihn zusätzlich eine **allgemeine Betreuungspflicht**.[57] Dies folgt aus §§ 1,14 BNotO, wonach der Notar die Beteiligten unparteiisch zu betreuen hat.[58] Nach der Rechtsprechung darf der Notar die Beteiligten nicht „untätig in die Gefahr eines folgenschweren Schadens geraten [lassen], der durch eine mit wenigen Worten zu gebende sachgemäße Belehrung zu vermeiden ist."[59] Diese Verpflichtung stärkt den Schutz des regelmäßig schwächeren Verbrauchers; kann er sich doch wenigstens darauf verlassen, dass er durch das Eingreifen des Notars vor folgenschweren Schäden bewahrt werden kann, die für ihn als rechtlichen Laien nicht vorhersehbar sind.[60] Dies können auch „nahe liegende wirtschaftliche Gefahren" sein.[61] Diese Pflicht findet ihre Grenze hier abermals in der Unparteilichkeit.

e) Keine Belehrung über wirtschaftliche Folgen und Risiken

Eine weitere Grenze findet die Belehrungspflicht darin, dass der Notar die Beteiligten nicht über wirtschaftliche Folgen und Risiken aufzuklären hat;[62] ausnahms-

55 *Schöttler*, Verbraucherschutz durch Verfahren, 2003, 45; hierzu gehört auch die Aufklärung über die Gefahren der ungesicherten Vorleistung, *Armbrüster*/Preuß/Renner, BeurkG/DONot, 5. Aufl., 2009, § 17 Rz. 38.

56 *Schöttler*, Verbraucherschutz durch Verfahren, 2003, 45 mit Verweis auf BGH DNotZ 1987, 157, 159.

57 *Armbrüster*/Preuß/Renner, BeurkG/DONot, 5. Aufl., 2009, § 17 Rz. 8; *Lerch*, BeurkG, 3. Aufl., 2006, § 17 Rz. 41.

58 *Armbrüster*/Preuß/Renner, BeurkG/DONot, 5. Aufl., 2009, § 17 Rz. 7.

59 *Armbrüster*/Preuß/Renner, BeurkG/DONot, 5. Aufl., 2009, § 17 Rz. 7 m.w.N.; vgl. z.B. BGH, Urt. v. 14.05.1992 – IX ZR 262/91, DNotZ 1992, 813 sowie BGH, Beschl. v. 14.12.2009 – NotSt (B) 2/09, ZNotP 2010, 116, die beide Kettenkaufverträge betreffen.

60 *Schöttler*, Verbraucherschutz durch Verfahren, 2003, 45.

61 *Armbrüster*/Preuß/Renner, BeurkG/DONot, 5. Aufl., 2009, § 17 Rz. 9.

62 *Armbrüster*/Preuß/Renner, BeurkG/DONot, 5. Aufl., 2009, § 17 Rz. 38 mit Verweis auf Rechtsprechung; im Einzelnen Rz. 66 ff.

weise kann das in engen Grenzen nur aufgrund der o.g. allgemeinen Betreuungspflicht notwendig werden. Hierbei kann eine Abgrenzung im Einzelfall schwierig sein. Kennt der Notar jedenfalls wirtschaftliche Einzelheiten und kann er aus ihnen schließen, dass es sich um sittenwidrige Geschäfte handelt, hat er seine Mitwirkung zu versagen.[63] Er hat aufgrund der allgemeinen Betreuungspflicht auf wirtschaftliche Folgen nur dann hinzuweisen, wenn sie sich gerade aus der Gestaltung des Vertrages ergeben.[64] Insbesondere bei Ketten- und Bauträgerverträgen kann es aufgrund der Vorfinanzierungen zu erheblichen wirtschaftlichen Belastungen kommen, über die der Notar im Rahmen der allgemeinen Betreuungspflicht zu belehren hat.[65] Dieser Grundsatz gilt gegenüber allen Beteiligten. In der Regel obliegt es jedoch allein dem Verbraucher, sich mit den wirtschaftlichen Folgen eines geplanten Vertrages auseinanderzusetzen oder diesbezüglich kompetente Personen (keine Rechtsanwälte, evtl. Steuer- oder Vermögensberater) oder auch Verbraucherschutzorganisationen zu konsultieren.

f) Die Hinwirkungspflicht zur persönlichen Anwesenheit des Verbrauchers

Handelt es sich um einen Verbrauchervertrag, so muss der Notar gemäß § 17 Abs. 2a Satz 2 Nr. 1 BeurkG darauf hinwirken, dass die rechtsgeschäftlichen Erklärungen durch den Verbraucher persönlich oder durch eine Vertrauensperson abgeschlossen werden. Diese Vorschrift wurde – wie auch die Bedenkzeit von zwei Wochen – im Jahre 2002 durch das OLG-Vertretungsänderungsgesetz[66] eingeführt. Wie bereits ausgeführt, waren die weit verbreiteten Fälle des Verkaufs der so genannten „Schrottimmobilien" und die häufige Überrumpelung der Verbraucher selbst bei notarieller Beurkundung der Anlass hierfür.[67]

(1) Persönliche Anwesenheit

Problematisch ist in der Praxis die Voraussetzung der persönlichen Anwesenheit des Verbrauchers oder einer Vertrauensperson. Diese Vorschrift kann (und sollte

63 *Armbrüster*/Preuß/Renner, BeurkG/DONot, 5. Aufl., 2009, § 17 Rz. 69; siehe auch eine Entscheidung zu Kettenkaufverträgen, BGH, Beschl. v. 14.12.2009 – NotSt (B) 2/09, ZNotP 2010, 116.

64 *Armbrüster*/Preuß/Renner, BeurkG/DONot, 5. Aufl., 2009, § 17 Rz. 38.

65 *Winkler*, BeurkG, 16. Aufl., 2008, § 17 Rz. 245.

66 Gesetz zur Änderung des Rechts der Vertretung durch Rechtsanwälte vor den Oberlandesgerichten, BGBl. I 2002, 2850.

67 *Schmucker*, DNotZ 2002, 510, 513; *Armbrüster*/Preuß/Renner, BeurkG/DONot, 5. Aufl., 2009, § 17 Rz. 144.

auch) nicht die materiell-rechtlichen Regelungen zur Stellvertretung ändern.[68] Unter dem Aspekt des Schutzes des Verbrauchers durch eingehende Belehrung vom Notar ist zunächst einmal die persönliche Anwesenheit des Verbrauchers vorzuziehen, denn häufig können ihm erst im Beurkundungstermin (wie bereits oben ausgeführt) Hinweise und Erklärungen durch den Notar gegeben und Unklarheiten beseitigt werden. Dies kann dann auch zu einem geänderten Willen des Verbrauchers führen, den der Notar bei der Ausarbeitung der Vereinbarung berücksichtigen und unzweideutig in die Urkunde aufnehmen kann.

(2) Vertrauensperson

Bei Vorliegen eines sachlichen Grundes kann der Verbraucher sich von einer Vertrauensperson vertreten lassen.[69] Diese Regelung soll sicherstellen, dass am Beurkundungstermin auf Seiten des Verbrauchers eine Person teilnimmt, die ausschließlich seine Interessen vertritt und die Verhandlungen in seinem Sinne führt. An dem Vertrag **beteiligte Unternehmer oder ihnen nahestehende Personen** sind **keine** Vertrauenspersonen, da sie regelmäßig gegensätzliche Interessen haben werden.[70]

Umstritten ist, wer als Vertrauensperson in Betracht kommt.[71] Gesetzliche Vertreter, enge Familienangehörige oder rechtsgeschäftliche Vertreter (etwa Rechtsanwälte, Steuerberater oder Wirtschaftsprüfer) haben regelmäßig ein Vertrauensverhältnis zum Verbraucher und vertreten seine Interessen.[72] Keine Vertrauenspersonen sind nach fast einhelliger Meinung Notariatsangestellte oder Sozien des Notars.[73] Grund dafür ist, dass diese gerade nicht im Lager des Verbrauchers stehen und seine Interessen wahrnehmen, sondern der Unparteilichkeit des Notars verpflichtet sind und seinen Weisungen unterliegen.[74] Dies betrifft sowohl den Ab-

68 *Lerch*, BeurkG, 3. Aufl., 2006, § 17 Rz. 59.

69 *Armbrüster*/Preuß/Renner, BeurkG/DONot, 5. Aufl., 2009, § 17 Rz. 174.

70 *Armbrüster*/Preuß/Renner, BeurkG/DONot, 5. Aufl., 2009, § 17 Rz. 176; *Winkler*, BeurkG, 16. Aufl., 2008, § 17 Rz. 121.

71 *Armbrüster*/Preuß/Renner, BeurkG/DONot, 5. Aufl., 2009, § 17 Rz. 176; *Lerch*, BeurkG, 3. Aufl., 2006, § 17 Rz. 59.

72 *Lerch*, BeurkG, 3. Aufl., 2006, § 17 Rz. 59; *Winkler*, BeurkG, 16. Aufl., 2008, § 17 Rz. 118 ff.

73 OLG Schleswig, Beschl. v. 06.07.2007 – Not 1/07, NotBZ 2007, 454; *Winkler*, BeurkG, 16. Aufl., 2008, § 17 Rz. 123; *Lerch*, BeurkG, 3. Aufl., 2006, § 17 Rz. 60; *Armbrüster*/Preuß/Renner, BeurkG/DONot, 5. Aufl., 2009, § 17 Rz. 177a; a.A. *Litzenburger*, RNotZ 2006, 180, 187 f. sowie RNotZ 2007, 625, 626; *Helms*, ZNotP 2005, 13,17.

74 *Winkler*, BeurkG, 16. Aufl., 2008, § 17 Rz. 123; *Armbrüster*/Preuß/Renner, BeurkG/DONot, 5. Aufl., 2009, § 17 Rz. 177a.

schluss eines Grundstückskaufvertrages als auch die Bestellung einer Finanzierungsgrundschuld, die ebenfalls einen Verbrauchervertrag darstellt.[75] Diese Differenzierung ist sachgerecht, denn nur eine Vertrauensperson kann aufgrund der Erläuterungen uneingeschränkt dem Verbraucher dienende Entscheidungen bewirken.

Die Hinwirkungspflicht auf die Anwesenheit des Verbrauchers oder einer Vertrauensperson stellt eine echte verfahrensrechtliche Regelung zum Schutz des Verbrauchers dar, denn sie ist nur bei Verbraucherverträgen anzuwenden und zwingt Verbraucher und Notar dazu, sich zumindest um eine geeignete Interessenvertretung zu bemühen. Dies kann dem Verbraucher nochmals die Bedeutung des Rechtsgeschäfts vor Augen führen und bewirkt im Beurkundungstermin, dass der Notar dem anwesenden Verbraucher oder dessen Interessenvertreter die Belehrung erteilen muss. Auch für den Notar kann dies bedeuten, dass er seine Prüfungs- und Belehrungspflichten gegenüber dem Verbraucher genauer ausübt.

Der Notar hat sich zu **vergewissern,** dass der Vertreter des Verbrauchers eine Vertrauensperson ist. Er sollte sich die Bestätigung des Verbrauchers einholen; wurde der Vertreter vom Verbraucher benannt, darf der Notar sich darauf verlassen.[76] Ebenso kann die Vorlage einer Spezialvollmacht für das zu beurkundende Rechtsgeschäft genügen, ist diese jedoch nicht notariell beurkundet, ist auch hier Vorsicht geboten. Der Notar sollte in Zweifelsfällen beim Verbraucher nachfragen.[77]

Wird der Verbraucher nicht durch eine Vertrauensperson repräsentiert, so hat der Notar die **Beurkundung abzulehnen;** wenn nicht sachliche Gründe ausnahmsweise dennoch eine (auch vollmachtlose) Vertretung durch Dritte (dann auch Notariatsfachangestellte) zulassen.[78] Man kann also nach Vorschlag *Armbrüsters* von einem Stufenmodell sprechen, bei dem auf erster Stufe der Verbraucher, auf zweiter Stufe eine Vertrauensperson und auf dritter Stufe ausnahmsweise (bei Vorliegen eines sachlichen Grundes) ein anderer Vertreter auftreten darf.[79]

75 OLG Schleswig, Beschl. v. 06.07.2007 – Not 1/07, NotBZ 2007, 454; *Blaeschke*, Praxishandbuch Notarprüfung, 2. Aufl., 2010, Rz. 870 ff; a.A. *Helms*, ZNotP 2005, 13, 18 f; *Schulz*, BWNotZ 2009, 73 ff.

76 *Armbrüster*/Preuß/Renner, BeurkG/DONot, 5. Aufl., 2009, § 17 Rz. 177.

77 *Armbrüster*/Preuß/Renner, BeurkG/DONot, 5. Aufl., 2009, § 17 Rz. 178; *Winkler*, BeurkG, 16. Aufl., 2008, § 17 Rz. 123.

78 *Armbrüster*/Preuß/Renner, BeurkG/DONot, 5. Aufl., 2009, § 17 Rz. 180; *Winkler*, BeurkG, 16. Aufl., 2008, § 17 Rz. 143, der einen auswärtigen Wohnort als sachlichen Grund nennt.

79 *Armbrüster*/Preuß/Renner, BeurkG/DONot, 5. Aufl., 2009, § 17 Rz. 180.

(3) Keine Geltung für Vollzugsgeschäfte

Die Notwendigkeit des persönlichen Erscheinens des Verbrauchers oder der Vertrauensperson gilt nicht für die Vollzugsgeschäfte, etwa die Beurkundung der Auflassung nach Vollzugsreife.[80] Diese kann dann durch hierzu bevollmächtigte Notariatsangestellte erfolgen, denn Belehrung und Betreuung der Beteiligten wird bereits bei der notariellen Beurkundung der Vollmacht vorgenommen.[81] Das gilt für alle Erklärungen, die bei der Abwicklung der Rechtgeschäfte verfahrensrechtlich notwendig werden und bei denen die Belehrung des Verbrauchers keine Bedeutung hat oder bereits bei der Beurkundung des Rechtsgeschäfts oder einer Vollmacht erfolgt ist.[82] Als weitere Beispiele wären hier die Vollmacht zur Änderung der Teilungserklärung nach dem Wohnungseigentumsgesetz (WEG),[83] oder zur Bestellung von Dienstbarkeit zugunsten von Versorgungsunternehmen zu nennen.[84]

g) Aufspaltung in Angebot und Annahme – Aufgaben eines Zentralnotars

Nach § 128 BGB genügt es für die Wahrung der Form der notariellen Beurkundung auch, wenn zunächst das Angebot und dann die Annahme von einem Notar beurkundet werden (sog. Sukzessivbeurkundung).

(1) Keine systematische Anwendung der Sukzessivbeurkundung

Diese Möglichkeit der notariellen Beurkundung, die auch bei Bauträgerverträgen oder Bauherrenmodellen unter Beteiligung von Verbrauchern stattfindet, hat gegenüber dem gesetzlich vorgesehenen Normalfall der Simultanbeurkundung[85] entscheidende Nachteile: Der Notar kann nicht gewährleisten, dass den Vertragsparteien die Regelungen gleichgut bekannt sind und dass offene Fragen im Laufe der Beurkundungsverhandlung in beiderseitigem Interesse geklärt werden.

80 *Armbrüster*/Preuß/Renner, BeurkG/DONot, 5. Aufl., 2009, § 17 Rz. 175; *Winkler*, BeurkG, 16. Aufl., 2008, § 17 Rz. 132.
81 *Armbrüster*/Preuß/Renner, BeurkG/DONot, 5. Aufl., 2009, § 17 Rz. 175.
82 *Armbrüster*/Preuß/Renner, BeurkG/DONot, 5. Aufl., 2009, § 17 Rz. 175; *Maaß*, ZNotP 2004, 216, 220 f.; *Schulz*, BWNotZ 2009, 73, 73 f. auch für die Bevollmächtigung zur Bestellung von Finanzierungsgrundschulden.
83 *Winkler*, BeurkG, 16. Aufl., 2008, § 17 Rz. 132.
84 *Armbrüster*/Preuß/Renner, BeurkG/DONot, 5. Aufl., 2009, § 17 Rz. 175 m.w.N.
85 Siehe §§ 147 Abs. 1 Satz 1, 152 Satz 1, 925 Abs. 1 Satz 1 BGB, *Reithmann*/Albrecht, Handbuch der notariellen Vertragsgestaltung, 8. Aufl., 2001, Rz. 193.

Deswegen gelten die Pflichten des § 17 Abs. 1 und 2 BeurkG zunächst nur gegenüber den Beteiligten bei der Simultanbeurkundung. § 17 Abs. 2a Satz 1 BeurkG schreibt aber vor, dass der Notar auch bei der Sukzessivbeurkundung die Einhaltung der Pflichten nach § 17 Abs. 1 und 2 BeurkG gewährleisten muss.[86] Diese Amtspflicht lässt sich auf §§ 1, 14 BNotO stützen und obliegt sowohl dem beurkundenden Notar als auch demjenigen, der einen Entwurf fertigt.[87] Sie trifft den Notar gegenüber allen Beteiligten, nicht nur gegenüber Verbrauchern.[88] Aufgrund der mit dieser Verfahrensweise verbundenen erheblichen Nachteile verbietet § 17 Abs. 2a BeurkG deren regelmäßige Anwendung.[89] Dieses Verbot muss gerade für Verbraucherverträge beachtet werden; denn auch hier kam es in der Vergangenheit zu Fällen, in denen systematisch Angebote des Käufers (meist Verbraucher) beurkundet wurden, um den gewerblich tätigen Unternehmer vor Änderungswünschen zu bewahren.[90]

(2) Verfahren – Aufgaben des Zentralnotars

Dennoch kann im Einzelfall ein praktisches Bedürfnis für eine getrennte Beurkundung bestehen, etwa wenn ein Bauvorhaben nur bei Erwerb mehrerer Grundstücke verwirklicht werden kann[91] oder mehrere Käufer vom Bauträger erwerben wollen.[92] Hier ist es sinnvoll, wenn die Annahme verschiedener Angebote gleichzeitig erfolgt.[93] In diesen Fällen ist zunächst einmal (gemäß der Richtlinienempfehlung der Bundesnotarkammer)[94] das Angebot von der weniger erfahrenen Vertragsseite abzugeben (in unseren Fällen dem Verbraucher), die von ihrem Ortsnotar belehrt wird.[95] Der Ortsnotar wird in der Regel aber nicht die Möglichkeit haben, den vom Zentralnotar verfassten Vertrag in wesentlichen Punkten zu ändern; und er kennt meist auch nicht die vorgesehene Abwicklung.[96] Er wird dem Verbraucher daher nicht alle erforderlichen Informationen und Belehrungen geben können. Daher kommen dem Zentralnotar entscheidende Belehrungspflichten auch gegenüber

86 *Reithmann*/Albrecht, Handbuch der notariellen Vertragsgestaltung, 8. Aufl., 2001, Rz. 193.
87 *Reithmann*/Albrecht, Handbuch der notariellen Vertragsgestaltung, 8. Aufl., 2001, Rz. 194.
88 Erst § 17 Abs. 2a Satz 2 BeurkG gilt ausschließlich für Verbraucherverträge.
89 *Reithmann*/Albrecht, Handbuch der notariellen Vertragsgestaltung, 8. Aufl., 2001, Rz. 429.
90 *Reithmann*/Albrecht, Handbuch der notariellen Vertragsgestaltung, 8. Aufl., 2001, Rz. 429; vgl. BGH, Urt. v. 04.03.2004 – III ZR 72/03, NJW 2004, 1865.
91 *Armbrüster*/Preuß/Renner, BeurkG/DONot, 5. Aufl., 2009, § 17 Rz. 165.
92 *Armbrüster/Krause*, NotBZ 2004, 325, 329.
93 *Armbrüster*/Preuß/Renner, BeurkG/DONot, 5. Aufl., 2009, § 17 Rz. 165.
94 Ziffer II 1 Satz 4 lit. d der Richtlinienempfehlung der BNotK, DNotZ 1999, 258 ff.; zitiert nach *Armbrüster*/Preuß/Renner, BeurkG/DONot, 5. Aufl., 2009, § 17 Rz. 166.
95 *Armbrüster*/Preuß/Renner, BeurkG/DONot, 5. Aufl., 2009, § 17 Rz. 166.
96 *Reithmann*/Albrecht, Handbuch der notariellen Vertragsgestaltung, 8. Aufl., 2001, Rz. 195.

dem abwesenden Vertragsteil zu.[97] So hat er z.B. darauf zu achten, dass die für den Erwerber üblicherweise erforderlichen Sicherheiten Vertragsbestandteil werden.[98] Dem Zentralnotar obliegt auch „gegenüber dem Anbietenden eine betreuende Belehrungspflicht bezüglich zwischenzeitlich eingetragener Belastungen".[99] Ob diese Belehrungspflichten den Schutz des Verbrauchers sichern können, ist problematisch. Sie erweitern aber die „allgemeine Belehrungspflicht" des Notars im Interesse der schwächeren Partei (die häufig auch Verbraucher sein kann). Dies ist umso mehr von Bedeutung, als sich gerade der Zentralnotar in höherem Maße dem Unternehmer verpflichtet sehen kann, da dieser als Auftraggeber wirtschaftlich interessanter als der Verbraucher sein dürfte.

Handelt es sich um Verbraucherverträge, so haben die Notare auch die Einhaltung der Bedenkzeit und der Hinwirkungspflicht zur persönlichen Anwesenheit des Verbrauchers zu beachten. Umstritten ist, ob der Notar der Annahme auch über das Angebot zu belehren hat und bei Nichtvorlage die Beurkundung ablehnen muss.[100] Diese Konstellation würde dann eintreten, wenn der Verbraucher derjenige ist, der das Angebot annimmt. Wie oben bereits ausgeführt, kann diese Gestaltung für den Verbraucher noch nachteiliger sein als die Angebotserklärung, weil er so auf das Angebot keinerlei Einfluss mehr hat. Daher sollte auch über das Angebot eine Belehrung erfolgen, da nur so eine sinnvolle Unterrichtung über die rechtliche Tragweite stattfinden kann.[101]

h) Freiwillige Versteigerungen

Freiwillige Versteigerungen von Immobilien erfreuen sich seit einiger Zeit einer großen Beliebtheit; vor allem über das Internet. Diese Form des Verkaufs wird **vom Gesetz nur ansatzweise geregelt,** richtet sich aber nach den allgemeinen Regeln zum Grundstücksverkauf.[102] Abweichend davon ist in § 156 Satz 1 BGB

97 *Reithmann*/Albrecht, Handbuch der notariellen Vertragsgestaltung, 8. Aufl., 2001, Rz. 195; *Armbrüster*/Preuß/Renner, BeurkG/DONot, 5. Aufl., 2009, § 17 Rz. 166; BGH, Urt. v. 04.03.2004 – III ZR 72/03, BGHZ 158, 188 = NJW 2004, 1865; *Vollkommer* ZfIR 2004, 578, 581 stellt für diese Pflicht auf die Beteiligung eines Verbrauchers ab, dies ist aber unzutreffend, da es sich um eine allgemeine Belehrungspflicht nach § 17 Abs. 1 Satz 1 BeurkG handelt, siehe BGH a.a.O., 1867.

98 *Reithmann*/Albrecht, Handbuch der notariellen Vertragsgestaltung, 8. Aufl., 2001, Rz. 195.

99 BGH, Urt. v. 04.03.2004 – III ZR 72/03, BGHZ 158, 188 = NJW 2004, 1865; dazu *Armbrüster/Krause*, NotBZ 2004, 325, 330 f.

100 *Reithmann*/Albrecht, Handbuch der notariellen Vertragsgestaltung, 8. Aufl., 2001, Rz. 429; *Armbrüster*/Preuß/Renner, BeurkG/DONot, 5. Aufl., 2009, § 17 Rz. 164 m.w.N. zum Streitstand.

101 *Armbrüster*/Preuß/Renner, BeurkG/DONot, 5. Aufl., 2009, § 17 Rz. 164.

102 Leitfaden der BNotK zu freiwilligen Grundstücksversteigerungen, Stand 20.01.2005, abgedruckt in *Weingärtner*, Notarrecht, 9. Aufl., 2009, 281-2.

allerdings vorgesehen, dass der Vertrag erst durch die Erklärung des Zuschlags zustande kommt. Dennoch ist der Vertrag gemäß § 311b Abs. 1 Satz 1 BGB nur bei notarieller Beurkundung wirksam; der Notar hat also Gebot und Zuschlag nach § 156 BGB zu beurkunden.[103] Dabei obliegen ihm sämtliche Belehrungspflichten des § 17 Abs. 1, 2 und 2a Satz 1 BeurkG; bei Beteiligung des Verbrauchers sind auch die Pflichten nach § 17 Abs. 2a Satz 2 BeurkG zu beachten, insbesondere die Einräumung einer Bedenkzeit. Da die Bieter noch nicht identifizierbar sind, genügt hierfür eine öffentliche Bekanntgabe im Internet.[104] Die Einhaltung der Zwei-Wochen-Frist ist dabei meist unproblematisch, da bei gewerbsmäßigen Versteigerungen spätestens zwei Wochen vor der Versteigerung ein Verzeichnis der zu versteigernden Sachen anzufertigen und die Versteigerung der zuständigen Behörde sowie der Industrie- und Handelskammer anzuzeigen ist (§§ 2 und 3 Versteigererverordnung)[105] und mit zusätzlicher Angabe des Mindestangebotes somit der Vertragsgegenstand soweit möglich bezeichnet wird.[106] Da der Notar nicht über die wirtschaftliche Tragweite des Rechtsgeschäfts informieren muss, sollten diese Angaben regelmäßig genügen.[107] Die Informationspflichten des Anbieters dienen nicht dem Schutz des Verbrauchers, sondern dem Individualschutz. Sie sind gerade bei der Online-Versteigerung essentiell, denn der Bieter hat nur diese Möglichkeit, um sich über das Rechtsgeschäft zu informieren. Auch die Einhaltung der Bedenkzeit ab dem Zeitpunkt der Erteilung aller notwendigen Informationen ist zwingend, um den Verbraucher vor der Übereilung zu schützen.

Im Beurkundungstermin muss der Notar auch hier auf die persönliche Anwesenheit des Verbrauchers oder einer Vertrauensperson hinwirken,[108] um so zumindest dann eine den Pflichten des § 17 BeurkG entsprechende Belehrung des Verbrauchers zu gewährleisten.

4. Nachfolgende Pflichten bei Vollzug des Rechtsgeschäfts

Regelmäßig erschöpft sich die Tätigkeit des Notars nicht in der Beurkundung des Rechtsgeschäfts, sondern er übernimmt auch die Betreuung der Parteien bei der Vollziehung des Kaufvertrages. Hier sind vor allem die Anträge und Weiterleitung

103 Leitfaden der BNotK zu freiwilligen Grundstücksversteigerungen, Stand 20.01.2005, abgedruckt in *Weingärtner*, Notarrecht, 9. Aufl., 2009, 281-2 f.

104 Leitfaden der BNotK zu freiwilligen Grundstücksversteigerungen, Stand 20.01.2005, abgedruckt in *Weingärtner*, Notarrecht, 9. Aufl., 2009, 281-9.

105 Verordnung über gewerbsmäßige Versteigerungen, Stand 01.10.2003, BGBl. I 2003, 547.

106 Leitfaden der BNotK zu freiwilligen Grundstücksversteigerungen, Stand 20.01.2005, abgedruckt in *Weingärtner*, Notarrecht, 9. Aufl., 2009, 281-9.

107 Leitfaden der BNotK zu freiwilligen Grundstücksversteigerungen, Stand 20.01.2005, abgedruckt in *Weingärtner*, Notarrecht, 9. Aufl., 2009, 281-9.

108 *Winkler*, BeurkG, 16. Aufl., 2008, § 17 Rz. 65b.

von Urkunden (z.B. an das Grundbuchamt), die Verwahrung von Geld, die Einholung von Genehmigungen oder die Überwachung von Vollmachten zu nennen.[109] Dies sind Amtstätigkeiten des Notars.[110] Besonderen verbraucherschützenden Bestimmungen unterliegt er dabei nicht, insbesondere können Vollzugsgeschäfte auch von bevollmächtigten Mitarbeitern des Notars im Namen für die Beteiligten vorgenommen werden (siehe oben).

5. *Haftung des Notars gegenüber Verbrauchern*

Da es sich bei den Pflichten aus § 17 Abs. 2a Satz 2 BeurkG um Amtspflichten handelt, haftet der Notar bei deren Verletzung auf Schadensersatz nach § 19 BNotO. § 17 BeurkG ist eine Sollvorschrift, so dass die Beurkundung wirksam bleibt.[111]

Der Verbraucher kann das Verfahren der Beurkundung nicht angreifen; die Verletzung der verfahrensrechtlichen Pflichten des Notars (siehe oben) wird nicht sanktioniert. Die Verletzung der Regelungen des § 17 Abs. 2a Satz 2 BeurkG hat für den Notar zunächst nur dienstrechtliche Folgen.[112] Obwohl der Verbraucher hier also präventiv durch das Verfahren geschützt werden soll, ist die Verletzung der Verfahrensvorschriften nicht angreifbar.[113]

Aufgrund der Wirksamkeit der Beurkundung bleibt der Verbraucher an den Vertrag gebunden. Er hat materiell-rechtlich (bei Grundstückskaufverträgen) selbst bei Vorliegen einer Haustürsituation beim Notar kein Widerrufsrecht nach § 312 BGB, da gemäß § 312 Abs. 3 Nr. 3 BGB notariell beurkundete Willenserklärungen ausgenommen sind. Selbst eine diskutierte richtlinienkonforme Auslegung dieser Regel[114] kann hier nicht helfen, da Grundstückskaufverträge von der einschlägigen

109 Siehe dazu *Reithmann*/Albrecht, Handbuch der notariellen Vertragsgestaltung, 8. Aufl., 2001, Rz. 343 ff.

110 *Reithmann*/Albrecht, Handbuch der notariellen Vertragsgestaltung, 8. Aufl., 2001, Rz. 343.

111 *Winkler*, BeurkG, 16. Aufl., 2008, § 17 Rz. 279; *Brambring*, FGPrax 2003, 147, 149.

112 OLG Schleswig, DNotZ 2008, 151; *Blaeschke*, Praxishandbuch Notarprüfung, 2. Aufl., 2010, Rz. 867.

113 Dies ist ein entscheidender Unterschied zu der Verletzung richterlicher Pflichten, etwa der materiellen Prozessleitung nach § 139 ZPO, die als Verfahrensmangel bei der Einlegung von Rechtsmitteln angegriffen werden können; vgl. Baumbach/Lauterbach/Albers/*Hartmann*, ZPO, 69. Aufl., 2011, § 139 Rz. 97, 101.

114 Dahingehend, dass für notarielle Rechtsgeschäfte, die nicht den Erfordernissen des § 17 Abs. 2a BeurkG genügen, dennoch ein Widerrufsrecht besteht, vgl. Palandt/*Grüneberg*, 70. Aufl., 2011, § 312 Rz. 28; siehe auch OLG Brandenburg, Urt. v. 17.07.2008 – 5 U 8/06, zitiert nach juris.

Richtlinie[115] ausgenommen sind.[116] Sie wird daher vom Bundesgerichtshof abgelehnt.[117] Ein Widerruf des Grundstückskaufvertrages aufgrund verbundenen Vertrages käme allenfalls in den Fällen des § 358 Abs. 3 Satz 3 BGB in Betracht.

Da ein Verstoß gegen § 17 Abs. 2a BeurkG für die Wirksamkeit des Rechtsgeschäfts grundsätzlich folgenlos bleibt, ist es durchaus überlegenswert, dies materiell-rechtlich durch die Gewährung eines Widerrufsrechts auszugleichen und einen Ausschluss des Widerrufsrechts aufgrund der notariellen Beurkundung (§ 312 Abs. 3 Nr. 3 BGB; § 495 Abs. 3 Nr. 2 BGB bei beurkundungspflichtigen Darlehensverträgen) an die Erfüllung der Pflichten des § 17 Abs. 2a Satz 2 BeurkG zu knüpfen.[118]

Für den Verbraucher bleibt bisher nur die Geltendmachung seiner Schadensersatzansprüche,[119] die bei Fahrlässigkeit des Notars zudem subsidiär sind.[120] Er muss also zunächst den wirtschaftlichen Schaden erleiden und diesen dann in gerichtlichen Verfahren geltend machen.

6. Zusammenfassung zum notariellen Beurkundungsverfahren

Zusammenfassend lässt sich festhalten, dass die Ausgestaltung des notariellen Verfahrens dem Schutz der Beteiligten (Individualrechtsschutz) und des Rechtsverkehrs dient. Im Rahmen des Individualrechtsschutzes ist besonderes Augenmerk auf die tendenziell schwächere Position des Verbrauchers zu legen. Durch die Belehrungs- und Hinwirkungspflichten aus § 17 Abs. 1, 2 und 2a BeurkG kann das Informationsgefälle zugunsten des Verbrauchers ausgeglichen und der Verbraucher vor Übereilung geschützt werden.[121] Die Belehrung durch den Notar kann allerdings keine Aufklärung über alle denkbaren rechtlichen oder gar wirtschaftli-

115 Richtlinie 85/577/EWG des Rates vom 20. Dezember 1985 betreffend den Verbraucherschutz im Falle von außerhalb von Geschäftsräumen angebahnten Verträgen, (ABl EG Nr. L 372 vom 31. Dezember 1985, 31).

116 OLG Brandenburg, Urt. v. 17.07.2008 – 5 U 8/06, zitiert nach juris.

117 BGH, Beschl. v. 18.01.2005 – XI ZR 66/04, NJW 2004, 154, 155.

118 So Palandt/*Grüneberg*, 70. Aufl., 2011, § 312 Rz. 28; in teleologischer Reduktion Prütting/Wegen/Weinreich/*Medicus/Stürner*, 6. Aufl., 2011, § 312 Rz. 24.

119 Ein Amtshaftungsanspruch ließe sich bei Verletzung der Pflichten aus § 17 Abs. 2a Satz 2 BeurkG z.B. dann begründen, wenn der Verbraucher nachwiese, dass er bei Einhaltung der Regelfrist zur Bedenkzeit den Vertrag nicht abgeschlossen hätte, bei Vertragsschluss keine Gründe für das Abweichen von der Frist vorgelegen hätten und der Notar über das Erfordernis der Regelfrist nicht aufgeklärt habe, *Winkler*, BeurkG, 16. Aufl., 2008, § 17 Rz. 261. Dies könnte dann Sekundäransprüche des Unternehmers zur Folge haben.

120 § 19 Abs. 1 BNotO.

121 *Schöttler*, Verbraucherschutz durch Verfahren, 2003, 40 ff.

chen Aspekte des Rechtsgeschäfts bieten. Der Notar ist eben kein ausschließlicher Vertreter der Interessen des Verbrauchers. Er darf aufgrund seiner Unparteilichkeit insbesondere keine einseitige Beratung vornehmen.[122]

Die Regelung zur Bedenkzeit sowie die Hinwirkungspflicht auf die Anwesenheit des Verbrauchers oder einer Vertrauensperson sind ohne Zweifel Instrumente des **präventiven Verbraucherschutzes.** Dabei kann man der Wirkung der Bedenkzeit skeptisch gegenüber stehen, denn der Verbraucher erhält häufig lediglich Kenntnis und keine ausreichende Information über das Rechtsgeschäft. Er kann sich in dieser Zeit allerdings Rat einholen und fühlt sich nicht gezwungen, den Vertrag sofort abzuschließen. Problematisch bleibt die fehlende Sanktionierung der Pflichtverletzungen. Daher könnte der Ausschluss der Widerrufsrechte (als **repressives Instrument)** an die Erfüllung der Beurkundungspflichten des § 17 Abs. 1, 2 und 2a BeurkG geknüpft sein.[123] In der Wahl der Mittel ist aber den präventiven Schutzinstrumenten der Vorzug zu geben, da der Verbraucher so eine ausgewogene Entscheidung treffen und langwierigen und kostenintensiven Rechtsstreiten vor den Gerichten vorgebeugt werden kann.[124]

III. Die zunehmende Bedeutung des elektronischen Rechtsverkehrs

Der elektronische Rechtsverkehr spielt gerade im Rahmen der notariellen Tätigkeit eine große Rolle. Die diesbezüglichen Regelungen dienen allerdings in erster Linie nicht dem Verbraucherschutz, sondern der Sicherheit des Rechtsverkehrs und den Interessen des Bürgers allgemein. Soweit solche Tätigkeiten jedoch – gegebenenfalls mittelbar – auch Verbrauchern zugute kommen, ist der Notar natürlich auch verbraucherschützend tätig.

1. Beschleunigung der Arbeitsabläufe

Der Notar hat unmittelbaren Zugriff auf das elektronische Grundbuch, das elektronische Handelsregister und gegebenenfalls ausländische Unternehmensregister. Er kann elektronisch beglaubigte Abschriften erstellen (etwa für Zeugnisse, die Hochschulzugangsberechtigung, Ausweisdokumente für die Beantragung von Visa, etc.). Er kann Urkunden in elektronisch beglaubigter Form übermitteln, z.B. an das Handelsregister, an andere Notare und in Kürze auch an das Grundbuchamt.

122 *Schöttler*, Verbraucherschutz durch Verfahren, 2003, 49.
123 Prütting/Wegen/Weinreich/*Medicus/Stürner*, 6. Aufl., 2011, § 312 Rz. 24; Palandt/*Grüneberg*, 70. Aufl., 2011, § 312 Rz. 28.
124 *Schöttler*, Verbraucherschutz durch Verfahren, 2003, 48.

Dies führt zu einer Beschleunigung der Arbeitsabläufe im Notariat und für die Beteiligten – auch für Verbraucher – zu einer zusätzlichen (Dienst-)Leistung, die seitens der Beteiligten vom Notar verlangt werden kann.

2. *Schutz bei elektronischem Rechtsverkehr*

Bei Nutzung des elektronischen Rechtsverkehrs muss neben dem Schutz vor den Gefahren des Internets (z.B. bei der Ausspähung von Daten) vor allem gewährleistet sein, dass die Funktionen der öffentlichen Beglaubigungen und öffentlichen Urkunden gewahrt sind.

a) Elektronische Form nach § 126a BGB

§ 126a BGB regelt zunächst, wann die elektronische Form die gesetzlich vorgeschriebene Schriftform ersetzen kann. Das elektronische Dokument muss mit dem Namen des Ausstellers versehen sein und eine qualifizierte elektronische Signatur nach dem Signaturgesetz enthalten.[125]

b) Beglaubigungen nach § 39a BeurkG

Nach § 39a BeurkG können Beglaubigungen und sonstige Zeugnisse im Sinne des § 39 BeurkG elektronisch errichtet werden. Das hierzu erstellte Dokument muss mit einer qualifizierten elektronischen Signatur nach dem Signaturgesetz versehen sein. Die qualifizierte elektronische Signatur ist dabei ein Äquivalent der eigenhändigen Unterschrift und darf nur durch höchstpersönliche Verwendung der Signaturkarte erstellt werden.[126] Sie wird häufig bei der Beglaubigung einer elektronischen Abschrift vorgenommen, die elektronische Unterschriftsbeglaubigung ist dagegen nicht möglich.[127] Die elektronische Form genügt also nicht den Anforderungen an eine öffentliche Beglaubigung nach § 40 BeurkG. Dennoch stellt dies eine Erleichterung der Arbeit des Notars dar und beschleunigt den Arbeitsprozess, da er so den Austausch elektronischer Dokumente z.B. mit dem Handelsregister vornehmen und Register-[128] oder Satzungsbescheinigungen[129] ausstellen kann.

125 Vgl. MünchKomm-BGB/*Einsele*, 5. Aufl., § 126a Rz. 3 ff.
126 Vgl. Standpunkt der Bundesnotarkammer, DNotZ 2008, 161.
127 Armbrüster/*Preuß*/Renner, BeurkG/DONot, 5. Aufl., 2009, § 39a Rz. 19.
128 Armbrüster/*Preuß*/Renner, BeurkG/DONot, 5. Aufl., 2009, § 39 Rz. 5.
129 Armbrüster/*Preuß*/Renner, BeurkG/DONot, 5. Aufl., 2009, § 39 Rz. 9.

c) Keine elektronischen Urkunden nach §§ 8 ff. BeurkG

Willenserklärungen müssen als Niederschriften gemäß §§ 8 ff. BeurkG beurkundet werden, eine elektronische Form ist hier nicht zulässig. Die notarielle Urkunde muss daher als schriftliches Dokument existieren.

3. Der elektronische Rechtsverkehr unter dem Aspekt des Verbraucherschutzes

Nach dem bisherigen Stand der Möglichkeiten der Errichtung elektronischer Dokumente gibt es keine Bedenken aus verbraucherschützender Sicht. Insbesondere die Errichtung einer notariellen Urkunde ist nicht in elektronischer Form möglich. Dies schützt den Verbraucher vor der Gefahr übereilter Entscheidungen, etwa einer Zustimmung per Mausklick. Der Notar muss das Verfahren gemäß § 17 BeurkG einhalten; die notariellen Prüfungs- und Belehrungspflichten als Instrumente des präventiven Verbraucherschutzes bleiben in vollem Umfang erhalten. Ob der Vollzug des Vertrages durch den Notar mithilfe des elektronischen Rechtsverkehrs erfolgt, ist unter diesem Aspekt nicht von Bedeutung.

4. Die Zukunft des elektronischen Rechtsverkehrs

Dem Notar kommt bei der Entwicklung des elektronischen Rechtsverkehrs eine wichtige Rolle zu. Er wirkt an der Errichtung der Register und deren „Pflege“ mit, sowohl an bestehenden Registern (siehe elektronisches Grundbuch, elektronisches Handels- und Unternehmensregister) als auch an neuen Projekten, wie der elektronischen Grundschuld.[130] Das Handelsregister wird sogar nur noch elektronisch geführt (§ 12 Abs. 1 HGB) und auch für das Grundbuchverfahren ist dies in Zukunft wohl vorgesehen.[131] Diese Entwicklung ist sicherlich im Rahmen der dem Notar übertragenen Aufgaben recht einfach möglich, da es sich hier um eine kleine Gruppe handelt, die auch über gewisse finanzielle Möglichkeiten verfügt. Es wird sich zeigen, ob die Umstellung auf den elektronischen Rechtsverkehr bei Rechtsanwälten ebenso reibungslos geht, denn die finanzielle Belastung einmal durch die Materialbeschaffung aber auch durch die Pflege sollte nicht übersehen werden.[132] Gerade hier wird man im Auge behalten müssen, inwieweit die Kosten auch auf die Beteiligten abgewälzt werden können. Dies sollte vor allem im Hinblick auf die diskutierte zwingende Teilnahme an elektronischen Gerichtsverfahren gelten, wie

130 *Armbrüster/Preuß/Renner*, BeurkG/DONot, 5. Aufl., 2009, Einl., Rz. 49, 52.
131 *Armbrüster/Preuß/Renner*, BeurkG/DONot, 5. Aufl., 2009, Einl., Rz. 50.
132 Vgl. zum elektronischen Rechtsverkehr und Anwaltschaft *Degen*, NJW 2008, 1473 ff.

sie schon für das Mahnverfahren vorgesehen wurde.[133] Die Einführung und Bereithaltung der erforderlichen Software bedeutet nämlich nicht für alle Rechtsanwälte gleichzeitig eine Kostenersparnis.[134]

5. Die mögliche Rolle des Notars

Kritisch muss man eine Ausweitung des elektronischen Rechtsverkehrs auch in Bezug auf die direkte Beteiligung der Bürger prüfen. Sollte der elektronische Rechtsverkehr ausschließlich gelten, könnte dies für viele Bürger – welche die notwendigen elektronischen Ressourcen nicht vorhalten oder anwenden können oder ihnen gar skeptisch gegenüber stehen – eine Hürde bei der Wahrnehmung von Rechtsschutz darstellen und so den Zugang zum Recht (der ja gerade erleichtert werden soll) erschweren.[135] So könnte es z.B. bei zwingendem elektronischem Rechtsverkehr zu Zugangsproblemen aufgrund technischer Unfertigkeiten kommen.

Hier könnte auch der Notar eine neue Rolle in der weiteren Entwicklung spielen. Er könnte als Organ der vorsorgenden Rechtspflege gerade als Übermittler oder Zugangsstelle zum Recht fungieren und so die „Unpersönlichkeit" des elektronischen Rechtsverkehrs ausgleichen.

Des Weiteren stellt sich die Frage, ob nicht ein flächendeckender elektronischer Rechtsverkehr eine Illusion darstellt. Sicherlich birgt er neben dem o.g. Problem des Zugangs zum Recht auch technische Gefahren. Möglicherweise eröffnet sich auch hier ein neues Betätigungsfeld für die Notare, die aufgrund ihrer Stellung als Amtsträger eine vertrauensvolle und versierte Abwicklung ermöglichen.

IV. Zusammenfassung

Die Tätigkeit des Notars im Beurkundungsverfahren und die Ausübung seiner Prüfungs- und Belehrungspflichten kann auch verbraucherschützende Funktionen haben. § 17 Abs. 2a BeurkG erlegt dem Notar unmittelbare Pflichten im Falle der Beurkundung von Verbraucherverträgen auf und macht den Notar damit in verfahrenstechnischer Hinsicht zum Verbraucherschützer. Zudem wirken die allgemeinen Belehrungs- und Betreuungspflichten verbraucherschützend, da der Notar

133 Nach § 690 Abs. 3 ZPO müssen Rechtsanwälte Mahnanträge in maschinell lesbarer Form einreichen.

134 Siehe *Degen*, NJW 2008, 1473, 1480, der meint, dass der elektronische Rechtsverkehr für die Kanzleien gewinnbringend sei.

135 Diese Problematik stellt sich verschärfter, wenn man nur auf den Verbraucher abstellt. Hier könnte man noch höhere Hürden sehen.

das Ausmaß seiner Hinweise und Belehrungen auch auf den Kenntnisstand und die Erfahrenheit der jeweiligen Beteiligten anpassen muss. § 17 Abs 1 Satz 2 BeurkG spricht ausdrücklich davon, dass „unerfahrene und ungewandte Beteiligte“ nicht benachteiligt werden sollen. Nicht zuletzt die durch die notarielle Tätigkeit gewährleistete Sicherheit des Rechtsverkehrs schützt mittelbar auch den Verbraucher.

Elektronischer Rechtsverkehr und bürgernahe Justiz*

Dr. Wilfried Bernhardt

A. Einleitung

Ich möchte mir sehr herzlich für die Einladung zu diesem Forum und die Gelegenheit bedanken, über ein Thema zu sprechen, das ein Schwerpunktthema unserer Arbeit in dieser Legislaturperiode und darüber hinaus sein wird. Es liegt auch mir persönlich sehr am Herzen: „Elektronischer Rechtsverkehr und bürgernahe Justiz".

Gestatten Sie mir zunächst ein paar allgemeine Gedanken zur Frage, was *bürgernahe Justiz* heute bedeutet und was *Bürgernähe* mit dem Elektronischen Rechtsverkehr zu tun hat. Danach möchte ich Ihnen einen Überblick über die Entwicklungen in der sächsischen Justiz-IT und darüber geben, was wir aktuell und zukünftig im Bereich des Elektronischen Rechtsverkehrs mit professionellen Verfahrensbeteiligten, Bürgern und Unternehmen planen, um Bürgernähe auch in Zeiten knapper Kassen zu erhalten und sogar auszubauen.

Was ist *bürgernahe* Justiz ? In einem modernen Staat ist die Justiz auch Dienstleister für Bürger und Unternehmen. Diese haben einen Anspruch auf zügige Verfahren, das gilt für Gerichtsverhandlungen genauso wie für Grundbuch- und Registereintragungen. Ziel ist es, das Vertrauen in eine effektive Justiz als Teil des demokratischen Rechtsstaats zu stärken. Die Justiz kann sich dann als *bürgernah* bezeichnen, wenn sie auf praktische *Bedürfnisse*, Probleme und Wünsche der *Bürger* beim Umgang mit ihr eingeht.

Dazu wünscht sich der Bürger im Regelfall eine schnelle, *unbürokratische* Vorgehensweise. Diese muss allerdings im Interesse eines korrekten *Verfahrens* rechtlich zulässig sein.

Bürgernähe im ursprünglichen Sinn bedeutet kurze Wege zu den Gerichten und Justizbehörden durch Präsenz der Justiz in der Fläche. Heute meint es aber auch, einen erleichterten Zugang der rechtsuchenden Bürger und Unternehmen und der professionellen Verfahrensbeteiligten zu den Gerichten und Justizbehörden im umfassenden Sinn zu ermöglichen. Da kann der elektronische Zugang zu den Gerichten einen wesentlichen, wenn nicht den entscheidenden Beitrag leisten.

Vor diesem Hintergrund verlieren Standortfragen an Bedeutung. Bürgernähe schließt es nicht mehr aus, einzelne Aufgaben bei zentralen Gerichten zu konzentrieren. Dies bietet sich insbesondere dann an, wenn die qualifizierte Bearbeitung von Verfahren sowohl in rechtlicher Hinsicht und wegen der zum Einsatz kom-

* Die Vortragsform wurde weitestgehend beibehalten.

menden IT-Fachverfahren ein hohes Maß an Spezialisierung der damit betrauten Beschäftigten und die Einrichtung leistungsfähiger Organisationseinheiten voraussetzt.

Diesen Weg sind wir im Handelsregister- und Insolvenzbereich gegangen und werden ihn auch in diesem Jahr mit der Konzentration der 30 bisher papiergeführten Vereinsregister auf drei vollelektronisch geführte Register weiter gehen. Mit der Möglichkeit der bundesweiten Beauskunftung über das Internet wird dabei zugleich neue Bürgernähe sozusagen bundesweit hergestellt.

Eine der zentralen Herausforderungen der Justiz in den nächsten Jahren wird es sein, die informationstechnische Modernisierung konsequent voranzutreiben. Wir wollen die daraus erwachsenden Chancen nutzen, um den Justizgewährungsanspruch des Bürgers noch schneller, noch besser und noch kostengünstiger zu erfüllen. Sachsens Justiz ist offen für technologische Entwicklungen und sich daraus ergebende strukturelle Veränderungen. Diesem – auch im Koalitionsvertrag zur Bildung der sächsischen Staatsregierung erhobenen – Anspruch stellen sich die sächsischen Justizmitarbeiter von Tag zu Tag neu. Wir wollen bei diesem Prozess im nationalen und europäischen Vergleich nicht hintenanstehen, sondern vorne mitspielen.

B. Entwicklung der sächsischen Justiz-IT

Erlauben Sie mir einen kurzen Rückblick auf die Entwicklung der IT-Landschaft in der sächsischen Justiz. Wir haben unsere Verfahren, unsere IT-Infrastruktur und unsere IT-Organisation in den vergangenen 20 Jahren ständig weiterentwickelt und modernisiert. Unmittelbar nach der Wende funktionierte – vorsichtig gesagt – im Bereich Informations- und Kommunikationstechniken nicht viel. Ich habe die Situation der neuen Bundesländer damals in Sachsen-Anhalt kennengelernt. Nicht einmal auf das Telefon konnte man sich verlassen. Das gab mir damals als einem in Bonn sitzenden Vertreter von Sachsen-Anhalt bei der Abstimmung über Bundesratsthemen ganz neue Freiheiten: Ohne Telefon keine Weisungen aus der Hauptstadt!

Schon ein Jahr nach der Wiedervereinigung begannen das Staatsministerium der Justiz und die neu gegründete ADV-Stelle beim Oberlandesgericht damit, Gerichte, Staatsanwaltschaften und Grundbuchämter sowie die Justizverwaltung mit – nach damaligem Stand – neuester Informationstechnik auszustatten. Es kamen vor allem Programme, die sich in Bayern bewährt hatten, zum Einsatz. Dabei konzentrierte man sich zunächst auf die Versorgung der Geschäftsstellen und Schreibkanzleien.

Die bildschirm- und programmgesteuerte Führung der Arbeitsabläufe konnte die Einarbeitung der Beschäftigten, denen es häufig an einer juristischen Ausbildung fehlte, wesentlich erleichtern und beschleunigen. Dies kam auch der Tätigkeit der Richter, Staatsanwälte und Rechtspfleger zugute, die sich jedenfalls ab Mitte der 90er Jahre auf einen überwiegend funktionierenden „Unterbau“ stützen konnten.

Mit dem Aufbau des Justizrechenzentrums und des Justiznetzwerks Sachsen erreichte die sächsische Justiz-IT ab 1994 eine neue Qualität. Zunächst wurden alle Grundbuchämter und Staatsanwaltschaften an dieses Netz angeschlossen. Mittlerweile sind alle Justizstandorte miteinander datentechnisch vernetzt.

Dadurch wurden der Datenaustausch der Verwaltungen untereinander, der E-Mail-Verkehr der Beteiligten, die Internet-Nutzung zur Informationsgewinnung, die Fernwartung der Systeme durch IT-Fachleute sowie die zentrale Ablage von Informationen für die Bediensteten ermöglicht.

Seit August 2000 ist das Justiznetzwerk in den InfoHighway Sachsen, seit 2008 in das *Sächsische Verwaltungsnetz* der Staatsregierung integriert, das als geschlossenes Netz alle staatlichen Behörden und Einrichtungen des Landes miteinander verbindet. Sachsen verfügt mit dem Sächsischen Verwaltungsnetz über eine der modernsten Kommunikationsinfrastrukturen in Deutschland. Die IT-Fachanwendungen werden über das Netzwerk durch die IT-Spezialisten der Justiz betreut, die seit 2005 in der Leitstelle für Informationstechnologie der sächsischen Justiz konzentriert sind:

Schon früh stand die technische Modernisierung von Justizbereichen mit erheblicher wirtschaftlicher Bedeutung wie das Grundbuch und die Register im Focus: Seit 1992 gibt es in Sachsen bereits einen Datenaustausch zwischen den Grundbuchämtern und den Katasterämtern. Neben erheblichen Einsparungen auf beiden Seiten wurde damit ein zügiger Informationsaustausch ermöglicht und eine hohe Aktualität der Daten auf beiden Seiten sichergestellt.

Bereits im Herbst 1995 begann dann die Ablösung des Papiergrundbuchs durch ein elektronisches Grundbuch. Die enorm aufwändige Umstellung aller 1,6 Millionen Grundbücher auf eine elektronische Speicherung konnte Anfang 2002 erfolgreich abgeschlossen werden.

Dabei hat Sachsen nicht wie die meisten Länder den Grundbuchinhalt eingescannt, sondern den Weg der manuellen Erfassung der aktuellen Eintragungstexte über SolumSTAR-Masken gewählt. Das wird uns die geplante Umstellung auf ein strukturiertes Datenbankgrundbuch erheblich erleichtern.

Hohe Akzeptanz bei den professionellen Nutzern, insbesondere bei Ihnen, den Notaren, genießt das Grundbuchabrufverfahren. Es wurde in den letzten Jahren durch moderne Zugangstechnologien auf den direkten Zugriff aus dem Internet umgestellt. Es ermöglicht dadurch einen schnelleren Abruf unter Einhaltung höchster Sicherheitsanforderungen.

Zu einer Beschleunigung der Verfahrensabläufe bei Unternehmensgründungen und -veränderungen trägt seit 2004 die elektronische Registerführung mit Regis STAR bei.

Dieses Verfahren setzt die seit 1. Januar 2007 bestehende gesetzliche Verpflichtung der Registergerichte um, an sie gerichtete Dokumente ausschließlich elektronisch entgegenzunehmen. Seit Mitte 2008 ist es darüber hinaus auch möglich, Mitteilungen der Registergerichte an die Notare und die Industrie- und Handelskammern elektronisch zu versenden. In Kürze werden wir Beschlüsse der Registergerichte, die mit einer qualifizierten elektronischen Signatur zu versehen sind, ebenfalls über das Elektronische Gerichts- und Verwaltungspostfach an die Notare versenden.

Weitere Voraussetzung für einen funktionierenden Elektronischen Rechtsverkehr sind aber moderne Fachverfahren, welche die justizspezifischen, oft sehr komplexen Arbeitsabläufe umfangreich informationstechnisch unterstützen. Über Grundbuch und Register hinaus wurden solche Verfahren, wie VG/FG für die Verwaltungs- und Finanzgerichte, EUREKA-Fach für die Sozialgerichte, web.sta in den Staatsanwaltschaften und BasisWeb in den Vollzugsanstalten seit 1998 flächendeckend eingeführt.

Damit war es möglich, veraltete, rein textbasierte Anwendungen durch datenbankunterstützte Anwendungen zu ersetzen.

Das staatsanwaltschaftliche Datenverarbeitungsverfahren web.sta beispielsweise bietet Kommunikationsmöglichkeiten zu den zentralen Registern – Bundeszentralregister, Verkehrszentralregister und dem Zentralen Staatsanwaltschaftlichen Verfahrensregister sowie zu der Polizei und zur Landesjustizkasse. Die IT unterstützt mittlerweile alle Geschäftsabläufe in den Staatsanwaltschaften; ebenso sieht es in den Fachgerichtsbarkeiten und im Vollzug aus.

Da kann auch unser größter und wichtigster Bereich, die Ordentliche Gerichtsbarkeit, nicht zurückstehen: Im Zuge der flächendeckenden Einführung des Fachverfahrens forumSTAR sorgen wir nunmehr auch für die rund 2.700 Richter, Rechtspfleger und Geschäftsstellenmitarbeiter in den Zivil-, Straf-, Familien-, Betreuungs-, Insolvenz-, Vollstreckungs- und Nachlassabteilungen der 37 Gerichte der Ordentlichen Gerichtsbarkeit.

Sie erhalten ein Fachverfahren, welches fachlich und technisch für die aktuellen und künftigen Herausforderungen gerüstet ist und zahlreiche veraltete Textverfahren der ordentlichen Gerichtsbarkeit ablöst.

Richter und andere Bedienstete der Justiz arbeiten unter der Oberfläche von forum^{STAR} vernetzt zusammen und haben sofortigen Zugriff auf alle relevanten Justizdaten ihrer Fälle. Die Automatisierung von Routinevorgängen lässt einen Qualitätsgewinn, die sofortige Bereitstellung der für die Bearbeitung notwendigen Daten und damit eine Beschleunigung vieler Arbeitsschritte erwarten.

Forum[STAR] stellt zudem zahlreiche Schnittstellen für einen strukturierten Datenaustausch der Justiz mit anderen Behörden und den Verfahrensbeteiligten zur Verfügung.

C. Online-Informationen: Portale

Das Internet und seine Möglichkeiten zur elektronischen Kommunikation ermöglichen es, viele Dinge unabhängig von Öffnungs- oder Geschäftszeiten bequem zu Hause oder im Büro zu erledigen. Die sächsische Justiz unterstützt diese Entwicklung nicht zum einen durch die bewährten Abrufverfahren im Grundbuch und Handelsregister und die Beteiligung an den weiteren bundesweiten Justizportalen unter www.justiz.de, wie dem Insolvenzportal, dem Rechtsdienstleistungsregister, der Dolmetscher- und Übersetzerdatenbank und durch die Bereitstellung elektronischer juristischer Informationssysteme für alle Richter, Staatsanwälte und Rechtspfleger.

Sie unterhält im Internet darüber hinaus unter www.justiz.sachsen.de ein Themenportal Justiz mit umfassenden Informationen rund um die sächsische Justiz und zahlreichen Links auf weiterführende Seiten.

Das Ministerium selbst und fast alle Gerichte und sonstigen Justizeinrichtungen haben eigene Internetauftritte, die in einem gemeinsamen Inhalts-Managementsystem der Justiz betrieben werden.

Bürgernähe stellt die sächsische Justiz auch über die von der sächsischen Staatsregierung bereitgestellte Informationsplattform „Amt24“ her, die mittlerweile im Geschäftsbereich unseres Ministeriums betreut wird. Das Amt24 besteht aus einem Zuständigkeitsfinder, der für Bürger und Unternehmen Verfahren und Dienstleistungen der Verwaltungen in verständlicher Weise beschreibt und den Beschreibungen die zuständige Stelle am Wohnort des Nutzers und das entsprechende Online-Formular zuordnet.

Es verfügt über mehr als 600 Informationstexte zu verschiedenen Lebenslagen und Verfahren. Die Justiz begleitet die Einstellung der Informationen redaktionell, hält diese ständig aktuell, pflegt die Inhalte durch Anpassung an neueste Rechtsänderungen und Rechtsprechung und stellt zahlreiche Formulare für die verschiedensten Justizbereiche bereits online auf dieser Plattform zur Verfügung.

Sowohl bei Amt24 als auch im bundesweiten Justizportal haben die Bürger jetzt schon die Möglichkeit, Anträge an ihrem PC online auszufüllen. In weiteren Ausbaustufen dieser Portale soll es ermöglicht werden, die online angebotenen Formulare auf elektronischem Wege bei den zuständigen Justizbehörden einzureichen.

Die sächsische Justiz verfügt mittlerweile über eine dreijährige Erfahrung mit dem Elektronischen Rechtsverkehr in den Registergerichten. Wir freuen uns besonders, dass die intensive und vertrauensvolle Zusammenarbeit von Justiz und sächsischen Notaren die Registermodernisierung begleitet hat.

Der Rechtsverkehr zwischen den Notariaten und dem Handels-, Genossenschafts- und Partnerschaftsregister stellt das erste Justizverfahren in Deutschland dar, das ausschließlich vollelektronisch geführt wird und bei dem die Verwendung der qualifizierten elektronischen Signatur zwingend ist. Die Erfahrungen sind – auch bei der justizinternen Bearbeitung - durchweg positiv. Wir wollen sie nutzen, um auch weitere Gerichte zeitnah von den Vorteilen elektronischer Verfahren profitieren zu lassen.

In den anderen Verfahrensbereichen sind die gesetzlichen Grundlagen für eine zwingende Einreichung elektronischer Dokumente nicht gegeben. Allerdings können Bund und Länder den Elektronischen Rechtsverkehr optional durch Rechtsverordnung eröffnen.

Berlin hat nach Hessen am 1. Januar 2010 den Zugang zu allen Gerichten und für alle Verfahren mit Ausnahme von Grundbuchsachen für die Übermittlung von elektronischen Dokumenten freigegeben. Auch der Bund hat den elektronischen Zugang zum BGH, BVerwG, BFH und BPatG eröffnet, alles Projekte, die ich in meiner früheren Tätigkeit im Bundesjustizministerium selbst intensiv begleitet habe.

In anderen Ländern ist die Einreichung elektronischer Dokumente außerhalb der Register nur an einzelnen Gerichten - insbesondere den Fachgerichten - oder für einzelne Verfahren zulässig. Das elektronische Gerichts- und Verwaltungspostfach (EGVP) ist dabei die am weitesten verbreitete Anwendung und damit quasi bundesweiter Standard für den Elektronischen Rechtsverkehr. Einige Länder, die bisher andere Lösungen genutzt haben, wollen mittelfristig auf das EGVP umstellen.

Diejenigen Länder, die den optionalen Zugang für elektronische Dokumente eröffnet haben, klagen allerdings über mangelnde Akzeptanz bei den Verfahrensbeteiligten. Obwohl in den letzten Jahren zahlreiche Informations-, Werbe- und Schulungsveranstaltungen angeboten und gemeinsame Absichtserklärungen mit den Kammern (beispielsweise der „Zehn-Punkte-Plan zur Förderung des Elektronischen Rechtsverkehrs“) verabschiedet worden sind, wird die Möglichkeit der elektronischen Einreichung von Dokumenten leider von der Anwaltschaft nur wenig angenommen.

Als Grund wird unter anderem der mangelnde Anreiz für die Anwälte gesehen, organisatorische Abläufe aufwändig umzustellen, solange der Elektronische Rechtsverkehr nur punktuell und optional und nicht länderübergreifend, flächendeckend und verpflichtend bereitgestellt wird.

Die Zahl der externen Nutzer liegt nicht selten im ein- oder allenfalls zweistelligen Bereich. Effizienzgewinne sind durch solche geringen Fallzahlen schwer zu realisieren. Vor diesem Hintergrund ist es für uns schwierig, die nicht unerheblichen Anfangsinvestitionen in den Aufbau der für den ERV notwendigen IT-Infrastruktur gegenüber den Haushältern in schwierigen Zeiten zu rechtfertigen.

Meine Staatssekretärskollegen und ich haben auf unserer letzten Konferenz am 21. / 22. April 2010 in Görlitz intensiv darüber diskutiert, wie man diese unbefriedigende Situation verbessern könnte. Im Ergebnis haben wir uns darauf verständigt, eine Staatssekretärsarbeitsgruppe zu bilden, die sinnvolle Rechtsänderungen zur Förderung des ERV identifizieren und in einem Gesetzentwurf zusammenfassen soll.

So wird derzeit diskutiert, ob - wie es Hessen und Baden-Württemberg vorgeschlagen haben - die Rechtsanwälte zur elektronischen Einreichung von Schriftsätzen verpflichtet werden sollten oder ob ihnen zumindest entsprechend § 15 Abs. 3 Satz 2 BNotO die Einrichtung eines elektronischen Kanzleipostfachs vorgeschrieben werden kann.

Denkbar sind auch Rechtsänderungen zur Vereinfachung der gerichtlichen Abläufe: So könnte etwa statt der derzeit ausschließlich zulässigen persönlichen Signatur eine Organisationssignatur für Gerichte und Behörden eingeführt werden. Mittelfristig wäre auch die Zulassung weiterer sicherer Zugangsverfahren neben dem EGVP, beispielsweise das vom Bundesinnenministerium geplante De-Mail-Verfahren zu überlegen, wenn man nicht nur die professionellen Verfahrensbeteiligten, sondern auch Bürger stärker am ERV beteiligen will.

In Betracht kommt auch eine Beschränkung des Faxzugangs, denn es ist nicht einzusehen, wieso dieser zusätzlich zum Papierpostweg <u>und</u> zum elektronischen Postfach offengehalten werden sollte.

Parallel werden in den länderübergreifenden Entwicklerverbünden der IT-Fachverfahren die technischen Bedingungen für den Elektronischen Rechtsverkehr optimiert und schrittweise auch Möglichkeiten der Weiterverarbeitung der Eingänge in den Fachverfahren geschaffen. So ist in RegisSTAR die Entgegennahme elektronischer Anmeldungen zum Vereinsregister bereits integriert. Im Grundbuchverfahren SolumSTAR erarbeitet der Länderverbund derzeit eine praxistaugliche Lösung für die Entgegennahme und Verarbeitung elektronischer Anträge und Urkunden.

Der forumSTAR-Verbund plant die Einführung einer elektronischen Kommunikationsplattform auf der Basis einer serviceorientierten IT-Architektur mit dem

Ziel, die Kommunikationsbeziehungen zwischen unterschiedlichen justizeigenen Verfahren sowie einen erweiterten elektronischen Rechtsverkehr mit anderen Stellen herzustellen, gleichzeitig die Kosten der Softwareentwicklung zu senken und eine höhere Flexibilität der Geschäftsprozesse durch Wiederverwendung bestehender Services zu erreichen.

Die Idee besteht in der Einteilung vorhandener IT-Komponenten in Dienste (Services) und einer Zusammenfassung zu höheren Diensten, die von verschiedenen Verfahren genutzt werden können. Mit Hilfe dieser Kommunikationsplattform sollen die mit den Nachrichten übermittelten Daten automatisch oder interaktiv an die Fachverfahren übergeben werden. Umgekehrt kann durch die Nutzung der Dienste der Kommunikationsplattform eine Übergabe von Daten aus den Fachverfahren an bestimmte Kommunikationspartner gesteuert werden. Damit wird sich der Aufwand in den Post- und Geschäftsstellen der Gerichte deutlich reduzieren.

E. ERV-Projekte in Sachsen

Ich habe bereits erwähnt, dass wir in Sachsen beim ERV im nationalen und europäischen Vergleich nicht die letzten sein, sondern vorne mitspielen wollen. Deswegen haben wir mehrere ERV-Projekte aufgesetzt, die wir in dieser Legislaturperiode beginnen oder sogar zum Abschluss bringen wollen:

- Wir haben uns das ehrgeizige Ziel gesetzt, bis 2012 sukzessive bei den Gerichten und Justizbehörden den Elektronischen Rechtsverkehr in seiner ersten Stufe einzuführen, das heißt die Möglichkeit zu schaffen, elektronische Schriftsätze über das EGVP rechtsverbindlich und sicher an die Justiz zu übermitteln. Die Verfahrensbeteiligten sollen zeit- und kostensparend und ohne Qualitätsverlust auf elektronischem Wege rechtswirksam Klage erheben, Anträge stellen und andere Schriftsätze einreichen können.
  Dass dies grundsätzlich funktionieren kann, haben die Erfahrungen im Registerbereich und beim Mahngericht gezeigt; dort wird das EGVP zuverlässig für die sichere Übertragung eingesetzt. Der Umgang mit der qualifizierten elektronischen Signatur und mit elektronischen Verschlüsselungen hat sich bewährt. Mit der Öffnung des elektronischen Zugangs kommen wir einer immer wieder erhobenen Forderung der Rechtsanwälte entgegen, ohne unseren Gerichten übermäßigen Aufwand zuzumuten.
  Ich bin sehr gespannt, ob die sächsischen Anwälte die Möglichkeit auch tatsächlich nutzen oder ob die Eingänge über das EGVP sich in ähnlich bescheidenem Rahmen bewegen werden wie in anderen Ländern.

- Einen Schritt weiter gehen wir mit unserem Pilotprojekt „Elektronischer Rechtsverkehr in der Sozialgerichtsbarkeit“: Hier wollen wir nicht nur den Eingang ermöglichen, sondern auch die Ablage der eingegangenen Schriftsätze im Fachverfahren EUREKA-Fach.
- Ferner soll die Weiterverarbeitung erfolgen durch die Richter und die elektronische Versendung von Dokumenten Beschlüsse, Urteile, Befundberichte, Gutachten, sonstige Schreiben und Anlagen des Gerichts usw.) an diejenigen Verfahrensbeteiligen, die am ERV über EGVP teilnehmen.
- Die Erkenntnisse aus diesem Projekt sollen nicht nur von den Sozialgerichten, sondern auch von anderen Bereichen der Justiz genutzt werden. Hier planen wir, ab November 2010 mit ausgewählten Kammern und Senaten des Sozialgerichts Dresden und des Landessozialgerichts Chemnitz und interessierten Anwaltskanzleien den elektronischen Austausch von Dokumenten zu pilotieren und ab März 2011 an diesen Gerichten den ERV im Echtbetrieb einzuführen. Bewährt sich dieser, werden wir ihn auf die gesamte Sozialgerichtsbarkeit ausweiten.
- Zum 1. Juli 2010 soll - wie bereits erwähnt - die elektronische Einreichung von Anmeldungen zum Vereinsregister bei den Präsidialamtsgerichten Chemnitz, Dresden und Leipzig möglich werden.
  Hierfür liegen die technischen Voraussetzungen bei den Registergerichten und Notaren bereits vor; wir hoffen, dass das Kabinett die notwendige Änderung der Verordnung zum Elektronischen Rechtsverkehr wie vorgeschlagen billigt.
- Im Grundbuchbereich beschreiten wir einen anderen Weg. Dort wollen wir interessierten Notaren noch in diesem Jahr anbieten, an sie gerichtete Eintragungsmitteilungen elektronisch über EGVP zu versenden. Dabei sollen nicht nur einfach die Nachrichten elektronisch versendet werden. Vielmehr sollen die Daten, welche für die elektronische Verarbeitung im Grundbuchamt in strukturierter Form vorliegen, auch in strukturierter Form an die Notare versendet werden.
  Damit entsteht dort ein weiterer Rationalisierungseffekt, denn diese strukturierten Daten können für die Weiterverarbeitung in der Notarsoftware direkt verwendet werden und müssen nicht nochmals manuell erfasst werden. Auch hierfür liegen die technischen und rechtlichen Voraussetzungen bereits vor.
  Für die Eröffnung des Zugangs für den Posteingang bei den Grundbuchämtern dagegen sind noch umfangreiche rechtliche und organisatorische Voraussetzungen zu schaffen. Im Grundbuchverfahren soll das Ausdrucken von eingegangenen elektronischen Urkunden über einen längeren Zeitraum vermieden werden und deswegen der elektronische Rechtsverkehr erst mit der Schaffung von Voraussetzungen zur elektronischen Grundaktenführung flächendeckend

eingeführt werden. Pilotierungen in einzelnen Grundbuchämtern sind vorab geplant. Frau Dr. Riedel aus unserem Justiz-IT-Referat wird heute noch dazu im Einzelnen berichten.

F. Langfristiges Ziel: eAkte

In den Gerichten wird die führende Akte zunächst die Papierakte bleiben. Dadurch wird es dort zum Medienbruch und zur Parallelbearbeitung von Papier- und elektronischen Dokumenten kommen, was einen erhöhten Druck-, Scann- und organisatorischen Aufwand bedeutet.

In dieser Phase wird sich in den Gerichten noch kein deutlicher Nutzen aus dem ERV ergeben, auch wenn wir den Richterinnen und Richtern schon vor Einführung der offiziellen Gerichtsakte die Gelegenheit geben wollen, in einer Art elektronischer Hybridakte das eingegangene elektronische Material zu nutzen.

Um die Rationalisierungs- und Beschleunigungspotentiale, die der Elektronische Rechtsverkehr bietet, für die Justiz selbst optimal nutzen zu können, sollen in seiner zweiten Ausbaustufe auch die justizinterne elektronische Sachbehandlung, die elektronische Aktenführung bis hin zur revisions- und rechtssicheren Ablage und Langzeitarchivierung im Vordergrund stehen.

Die Entwicklung und Einführung einer ergonomischen elektronischen *Prozess*akte und die Ablösung der bislang führenden Papierakte ist unser langfristiges Ziel. Von der elektronischen Aktenführung erhoffen wir uns eine bessere Verfügbarkeit der Akten und einen Wegfall von manuellen Aktentransporten.

Der IT-unterstützte Workflow soll eine erleichterte und beschleunigte Verfahrensbearbeitung ermöglichen, da der Akteninhalt elektronisch nach völlig anderen Gesichtspunkten zusammengefasst, sortiert und systematisiert werden kann als es bei einer lediglich chronologisch geordneten Papierakte der Fall ist.

Ziel ist es dabei, die Gerichtsakte von einem bloßen Ablagemedium zu einem System zu entwickeln, das alle Informationen ergonomisch und strukturiert darstellen kann, den Sachvortrag der Parteien in geordneter und visualisierter Fassung extrahiert und so auch eine Unterstützung der rechtlichen Bewertung von Sachverhalten bewirkt. Mit der elektronischen Archivierung könnten darüber hinaus Kosten für die Aufbewahrung der Akten in den kostenintensiven Archivräumen eingespart werden.

Durch die wachsende Durchdringung der Arbeitswelt mit Informationstechnologie gewinnen die elektronische Unterstützung von Geschäftsprozessen und die elektronische Speicherung von Schriftgut zudem auch außerhalb der Justiz zunehmend an Bedeutung.

Die Notwendigkeit einer elektronischen Aktenführung und Vorgangsbearbeitung in der *Verwaltung* gilt inzwischen als unbestritten.

Im Rahmen des Projekts „IT-gestützte Vorgangsbearbeitung in der Landesverwaltung“ wollen wir die elektronische *Verwaltung*sakte deswegen in den nächsten Jahren bei allen Landesbehörden einführen.

Viele private und öffentliche Partner wie Versicherungen oder Sozialversicherungsträger arbeiten entweder schon mit elektronischen Akten oder beabsichtigen, das künftig zu tun. Vor allem die Fachgerichte werden deshalb zunehmend mit elektronischen Verwaltungsakten konfrontiert werden. Hierauf wollen wir in der Justiz vorbereitet sein. Auch das ist ein Grund, warum wir den Weg zur E-Prozessakte weiter gehen wollen.

G. Fazit

Die mit dem elektronischen Rechtsverkehr einhergehende, tiefgreifende Veränderung der Kommunikationsstruktur schafft weitreichende Möglichkeiten zur Steigerung der Effizienz, der Qualität, der Transparenz und der Bürgernähe.

Sie bietet die Grundlage für eine über die einzelne Gerichtsbarkeit hinauswirkende, *nachhaltige Reorganisation* gerichtsinterner Verfahrensabläufe und damit auch Ansätze für eine Kostensenkung in der Justiz. Durch die Weitergabe und Verarbeitung von einmal gespeicherten elektronischen Daten kann der Bearbeitungsaufwand der einzelnen Behörde oder des Gerichts erheblich reduziert werden.

Damit zeigt sich aber, dass der Elektronische Rechtsverkehr auch dazu zwingt, Arbeitsabläufe neu zu definieren, straffer und effektiver zu gestalten. Dies gilt für die Gerichte ebenso wie für die professionellen Kommunikationspartner der Justiz, also vor allem für die Notare und für die Anwaltschaft. Wegen dieser Auswirkungen nicht nur in technischer Hinsicht, sondern insbesondere auf eingefahrene Arbeitsabläufe und Organisationsstrukturen wird uns diese Aufgabe noch auf lange Zeit beschäftigen. Ich bin sehr optimistisch, dass wir sie zusammen bewältigen werden.

Die Einführung des elektronischen Rechtsverkehrs in Grundbuchsachen im Freistaat Sachsen

Dr. Ulrike Riedel[*]

1. Rückblick

Vielleicht erinnern sich noch einige von Ihnen, am 1. August 1995 haben wir mit einem Festakt als erstes elektronisches Grundbuch in Sachsen die Frauenkirche von Dresden in den elektronischen Datenspeicher übernommen. Das ist jetzt 15 Jahre her, heute stehen wir vor neuen Herausforderungen.

Wir haben in Sachsen im Grundbuchwesen viel erreicht. Die Grundbuchämter waren der erste Bereich in der Justiz, der flächendeckend mit EDV ausgestattet wurde. Bereits 1991 haben wir mit dem EDV-Programm Solum als IT-gestützte Vorgangsbearbeitung bei der Grundbuchführung angefangen. Damals wurden die gespeicherten Texte noch auf entsprechende Einlegebögen für die Papiergrundbücher ausgedruckt. In den Jahren 1995 bis 2002 erfolgte die Umstellung aller Papiergrundbücher auf die maschinelle Grundbuchführung, dabei haben wir in Sachsen, anders als die meisten Bundesländer, die Papiergrundbücher nicht eingescannt, sondern die aktuellen, nicht gelöschten Eintragungen mit Unterstützung von Textbausteinen des Fachverfahrens SolumSTAR abgeschrieben und somit die maschinell geführten Grundbücher gemäß § 69 der Grundbuchverfügung (GBV) durch Neufassung angelegt. Seit 2002 liegen alle 1,6 Millionen sächsischen Grundbücher in elektronischer Form vor.

Das Verfahren SolumSTAR Version 1 wurde in den Jahren 2001 bis 2005 durch eine vollständig veränderte Version 2 mit Windowsfunktionalitäten und erstmaliger Verwendung der rechten Maustaste abgelöst. Heute ist die Version 2.18 im Einsatz, die derzeit in Entwicklung befindliche Version 2.19 enthält dann die Komponenten zum elektronischen Rechtsverkehr. Das Fachverfahren wird ständig weiterentwickelt, es erhält regelmäßig neue Funktionalitäten, wie die Führung der Liste 10 für die Statistik, eine neue Druckauftragsverwaltung sowie die Schnittstelle zum Automatisierten Liegenschaftsbuch (ALB) – zukünftig zum „Amtlichen Liegenschaftskatasterinformationssystem (ALKIS®)“ der Vermessungsverwaltung. Das bedeutet, die Eigentümerdaten werden automatisiert aus den Eintragungsbausteinen der Abteilung I im Grundbuch an die Vermessungsverwaltung gemeldet, es sind keine Doppeleingaben mehr erforderlich, die früher zu Fehlern

[*] Sächsisches Staatsministerium der Justiz und für Europa. Die Vortragsform wurde weitestgehend beibehalten.

führen konnten. Nach vermehrten Ausfällen infolge technischer Störungen der Datenspeichermedien erfolgte die Umstellung des Speichermediums von WORM-Platten auf NetApp-Technologie. Dabei handelt es sich um ein Festplattensystem zur unveränderlichen Datenspeicherung. Im März 2010 wurde die Umstellung von der verteilten Lösung, bei der das Fachverfahren als Produktionssystem auf 30 Servern gehalten wurde, auf eine zentrale (Stand-Alone-) Lösung, bei der das Fachverfahren auf einem Zentralserver läuft, abgeschlossen. Jetzt sind alle 400 Grundbuch-PC über das Sächsische Verwaltungsnetz direkt mit dem Zentralserver verbunden. Die Grundbuchmitarbeiter gehen heute überwiegend routiniert mit der Fachanwendung um, anfängliche Schwierigkeiten sind längst Vergangenheit. Es ist Zeit für neue Herausforderungen.

2. Der elektronische Rechtsverkehr

2.1 Ziele des elektronischen Rechtsverkehrs

Der elektronische Rechtsverkehr ist die Antwort einer modernen Bürokommunikation auf das Justizwesen. Er hat Einzug in die Praxis der Notariate und der Registergerichte gehalten. Die Erfahrungen aus dem Registerbereich zeigen, dass die Einführung des elektronischen Rechtsverkehrs weitere Erleichterungen mit sich bringt, die Kinderkrankheiten sind dort inzwischen „abgeheilt". Die erforderliche Technik, auch das sensible Grundbuchverfahren mit der gebotenen Sicherheit und Verlässlichkeit durchzuführen, steht inzwischen zur Verfügung. Die Notare stehen in den Startlöchern und möchten die Erfahrungen aus dem Registerbereich auch im Grundbuchbereich umsetzen. Die Finanzinstitute haben ebenfalls ein großes Interesse an der Modernisierung der bisherigen Verfahren und der Ermöglichung elektronischer Prozesse.

Beim elektronischen Rechtsverkehr im engeren Sinne geht es insbesondere um die Einreichung von Anträgen, Klagen und anderen prozessualen Erklärungen in verbindlicher elektronischer Form, sowie um die Übermittlung gerichtlicher Entscheidungen und Nachrichten an die Verfahrensbeteiligten. Ziel ist eine weitere Vereinfachung von Prozessen zur Information, Transaktion und Kommunikation durch die Möglichkeiten der modernen Informationstechnologie. Außerdem sind davon die gerichtsinterne Sachbearbeitung, insbesondere die beschleunigte Aktenführung sowie die Archivierung umfasst. Dadurch kann auch Lagerraum gespart werden und eine langfristige Verfügbarkeit des Akteninhaltes gewährleistet werden.

Zum elektronischen Rechtsverkehr in einem viel weiteren Sinne gehören aber auch Online-Auskunftssysteme, wie SolumWEB beim maschinell geführten Grundbuch, das bereits seit 1998 externen Nutzern zur Verfügung steht. Auch eine automatisierte Vorgangsbearbeitung wird durch den Einsatz des modernen Fachverfahrens SolumSTAR bereits angeboten. Das Erstellen von automationsunterstützten Kostenrechnungen ist bereits Justizalltag geworden. Das gesamte Schreibwerk wird elektronisch erstellt. Es fehlt noch an der entsprechenden elektronischen Kommunikation mit den Verfahrensbeteiligten und Behörden sowie an der gerichtsübergreifenden elektronischen Zusammenarbeit. Der elektronische Datenaustausch innerhalb der Justiz (instanz- oder verfahrensübergreifende Datenübernahme) und der Justiz mit anderen Behörden (z. B. Genehmigungsbehörden wie Finanzämter, Baubehörden, Kommunen) muss noch entwickelt werden.

2.2 Einführung des elektronischen Rechtsverkehrs in Grundbuchsachen

Die bisherigen Planungen zur Entwicklung eines bundeseinheitlichen Datenbankgrundbuchs gingen davon aus, dass das Projekt soweit fortgeschritten ist, dass ein fertiges Verfahren 2010 einsatzfähig sein sollte und somit die Einführung des elektronischen Rechtsverkehrs mit Einführung des Datenbankgrundbuchs erfolgen könnte. In den letzten Jahren gab es allerdings zeitliche Verzögerungen bei dem Projekt Datenbankgrundbuch. Nach dem jetzigen Planungsstand ist nicht vor 2016 mit einem Programmeinsatz zu rechnen. Dazu folgen am Ende nähere Ausführungen. Nunmehr soll noch mit dem Fachverfahren SolumSTAR die elektronische Antragseinreichung der Notare ermöglicht werden. Die Weiterverarbeitung elektronischer Eingänge ist für die Justiz nur dann sinnvoll, wenn Medienbrüche vermieden werden und die elektronischen Eingänge auch in elektronischen Akten abgespeichert und archiviert werden können. Es gibt noch in keinem Land Lösungen für eine elektronische Grundaktenführung. Eine Expertenarbeitsgruppe soll prüfen, ob ein externes Dokumentenmanagementsystem (DMS) für die elektronische Grundaktenführung zwingend erforderlich ist oder ob eine Ablage im Fachverfahren auf dem Speichermedium NetApp, ähnlich wie bei dem IT-Verfahren zur Registerführung RegisSTAR, ausreichend ist. Nach den derzeitigen Planungen soll zumindest die elektronische Entgegennahme von Anträgen Anfang 2011 in den ersten Gerichten getestet werden, eine Pilotierung erscheint ab April 2011 möglich. Sachsen testet derzeit die elektronische Versendung von Eintragungsbekanntmachungen an die Notare über das Elektronische Gerichts- und Verwaltungspostfach (EGVP). Ein Test mit ausgewählten Notaren ist ab September 2010 geplant. Nach erfolgreichen Tests könnte dann ab November 2010 der Echtbetrieb zum elektronischen Versand von Eintragungsbekanntmachungen über EGVP in allen Grundbuchämtern eingeführt werden.

2.3 Gesetzesgrundlagen zur Einführung des elektronischen Rechtsverkehrs in Grundbuchsachen

Die gesetzlichen Grundlagen für die Einführung des elektronischen Rechtsverkehrs wurden mit dem *Gesetz zur Einführung des elektronischen Rechtsverkehrs und der elektronischen Akte im Grundbuchverfahren sowie zur Änderung weiterer grundbuch-, register- und kostenrechtlicher Vorschriften (ERVGBG) vom 11. August 2009* geschaffen. Nun fehlt es noch an der landesspezifischen Umsetzung. Im Folgenden sollen die wesentlichen Änderungen der Grundbuchordnung (GBO) dargestellt werden.

§ 135 GBO ermächtigt die Landesregierungen, den elektronischen Rechtsverkehr einzuführen. Die Länder können den Zeitpunkt, das Dateiformat und die direkt adressierbare Einrichtung (Postfachadresse) des Grundbuchamts bestimmen. Die Zulassung kann auf einzelne Grundbuchämter beschränkt werden. Sie können bestimmen, dass die Notare verpflichtet sind, Dokumente elektronisch und bestimmte Angaben in strukturierter maschinenlesbarer Form (XML-Datensatz) zu übermitteln. Eine Beschränkung auf einzelne Grundbuchämter, einzelne Arten von Eintragungsvorgängen oder auf Dokumente bestimmten Inhalts ist möglich. Bei dem XML-Datensatz soll es sich nur um einen Eintragungsvorschlag handeln. Ein Fehler im XML-Datensatz darf nicht zu einer Zurückweisung mit Rangverlust führen. Erste Überlegungen gehen davon aus, dass in Sachsen mit einem Testbetrieb als Parallelbetrieb begonnen wird, bei dem das Papierdokument das Verbindliche bleibt und das elektronische Dokument parallel zum Testen einzureichen ist, hier können interessierte Notare und ausgewählte Grundbuchämter erste Erfahrungen sammeln. Danach soll es einen Pilotbetrieb geben, bei dem das elektronische Dokument rechtsverbindlich ist. Dafür ist eine Landes-Rechtsverordnung erforderlich. Nach erfolgreicher Pilotierung und entsprechenden Erfahrungen auf beiden Seiten ist geplant, die Einreichung für die Notare verpflichtend festzulegen. Nur so sind Einsparungen auf Justizseite möglich und die Doppelerfassung bleibt auf einen überschaubaren Zeitraum und einen geringen Kreis von Antragstellern beschränkt. In Sachsen ist keine Beschränkung auf einzelne Arten von Eintragungsvorgängen geplant, d. h. mittelfristig sollen alle Anträge bei allen sächsischen Grundbuchämtern elektronisch eingereicht werden. Dazu werden Sonderregelungen für bestimmte Unterlagen, so zum Bespiel bei Aufteilungsplänen in Wohnungseigentumssachen erforderlich sein. Die Landesregierungen werden in *§ 135 Absatz 2 GBO* auch ermächtigt, die elektronische Grundakte einzuführen, sie können den Zeitpunkt bestimmen, die Anordnung auf einzelne Grundbuchämter oder auf Teile des bei einem Grundbuchamt geführten Grundaktenbestands (einzelne Grundbuchbezirke oder ab bestimmtem Zeitpunkt eingegangene Dokumente) beschränken. Sinnvoll erscheint es hier, in einem ersten Schritt die elektronische

Grundakte auf neu eingehende elektronische Dokumente zu beschränken. Eine Digitalisierung des vorhandenen Grundaktenbestandes könnte auf einen späteren Zeitpunkt verschoben werden und bedarfsweise erfolgen.

§ 136 GBO regelt den Eingangszeitpunkt elektronischer Dokumente. Dabei wird den elektronischen Antragseingängen bewusst Vorzug vor den Papiereingängen eingeräumt, um einen Nutzungsanreiz zu schaffen. Ein elektronischer Eingang ist rund um die Uhr möglich. Der elektronische Zeitstempel beim Intermediär für im richtigen Postfach eingegangene elektronische Anträge zeichnet den genauen Zeitpunkt des Antragseingangs auf und bestätigt diesen dem Absender mit einer elektronischen Signatur. Falsch adressierte elektronische Dokumente, die beispielsweise im allgemeinen Postfach des Amtsgerichts eingehen, werden an die direkt adressierbare Einrichtung des Grundbuchamts weitergeleitet. Entscheidend für den rechtlich verbindlichen Eingangszeitpunkt ist auch in diesen Fällen die Aufzeichnung durch die Empfangseinrichtung des Grundbuchamts. Dadurch entstehende Verzögerungen muss sich der Einsender zurechnen lassen, wie bisher auch, wenn er die Post bei der allgemeinen Poststelle des Amtsgerichts abgibt. Ein Eingang auf einem Datenträger (CD, DVD) zählt wie ein Papiereingang mit Entgegennahme durch den Präsentatsbeamten und Eingangsstempel auf den Begleitpapieren. Dokumente mit nicht lesbarem Format gelten als nicht wirksam eingegangen. Das ist dem Absender unverzüglich mitzuteilen.

§ 137 GBO ergänzt *§ 29 GBO*. Öffentliche oder öffentlich beglaubigte Urkunden können als elektronische Dokumente mit einer qualifizierten elektronischen Signatur übermittelt werden. Der Notar ist befugt, Beglaubigungen von Abschriften elektronisch zu errichten. Der Beglaubigungsvermerk soll die Feststellung enthalten, ob es sich bei der zugrunde liegenden Urkunde um eine Urschrift, Ausfertigung, beglaubigte oder einfache Abschrift handelt. Für den Nachweis der Vorlage von Urschriften und Ausfertigungen ändert sich nichts, bei Vollmachten oder Bestallungsurkunden kann der Notar bestätigen, dass ihm die Urschrift vorgelegen hat. Für Erbscheine und Testamentsvollstreckerzeugnisse sieht die herrschende Meinung noch immer die Vorlage einer Ausfertigung in Papierform vor. Ersuchen von Behörden können ebenfalls als elektronische Dokumente mit einer qualifizierten elektronischen Signatur übermittelt werden. Anträge und Erklärungen ohne Formvorschriften können als elektronisches Dokument übermittelt werden und müssen den Namen der ausstellenden Person (ohne Signatur) enthalten.

§ 138 GBO regelt die Übertragung von eingehenden Papierdokumenten in die elektronische Form. Papierdokumente können eingescannt und anstelle der Schriftstücke in die elektronische Grundakte übernommen werden. Hier gibt es Rechtsauffassungen, dass es noch keine Methode des rechtsverbindlichen Scannens nach *§ 97 GBV* gibt. Nach Entscheidung über den Antrag können Schriftstücke auch

ausgesondert werden. Solange keine elektronische Grundakte geführt wird, sind die eingehenden elektronischen Dokumente auszudrucken und zur papiergeführten Grundakte zu nehmen.

Nach *§ 140 GBO* können Entscheidungen und Verfügungen des Grundbuchamtes bei elektronischer Grundaktenführung in elektronischer Form erlassen werden. Für einfache Eintragungsbekanntmachungen ist keine Rechtsverordnung erforderlich, daher kann der Postausgang für Eintragungsmitteilungen ohne Erlass einer Landes- Rechtsverordnung eröffnet werden. Beschlüsse und Zwischenverfügungen sind mit einer qualifizierten elektronischen Signatur zu versehen. Auch hier kann der Zeitpunkt durch die Landesregierungen bestimmt und auf einzelne Grundbuchämter beschränkt werden. Entscheidungen, Verfügungen und Mitteilungen an Anwälte, Notare, Gerichtsvollzieher, Steuerberater, sonstige Personen, bei denen auf Grund ihres Berufes von einer erhöhten Zuverlässigkeit ausgegangen werden kann, Behörden und Körperschaften oder Anstalten des öffentlichen Rechts können gemäß *§ 174 Abs. 1 ZPO* generell elektronisch bekannt gegeben werden. Im Übrigen nur, wenn der Empfänger ausdrücklich zustimmt. Ausfertigungen von elektronischen Entscheidungen sind auszudrucken, vom Urkundsbeamten der Geschäftsstelle zu unterschreiben und mit Siegel zu versehen. Die Einzelheiten zur Durchführung des elektronische Rechtsverkehr und der elektronischen Grundakte können durch Rechtsverordnung des Bundesministeriums der Justiz mit Zustimmung des Bundesrates geregelt werden *(§ 141 GBO)*. Die Landesregierungen müssen für ihr Land Einzelheiten wie Zeitpunkt und Umfang der Einführung des elektronische Rechtsverkehr und der elektronischen Grundakte regeln.

In Sachsen muss zunächst die Zuständigkeitsübertragungsverordnung Justiz auf die neuen Rechtsnormen angepasst werden, das wird derzeit vorbereitet. Dann kann die Landesjustizverwaltung die Rechtsverordnung zu den Einzelheiten selbst erlassen. Im Rahmen der Arbeitsgruppe „Elektronischer Rechtsverkehr" der Bund-Länder-Kommission für Datenverarbeitung und Rationalisierung in der Justiz (BLK) soll eine Musterrechtsverordnung für alle interessierten Länder erarbeitet werden, damit die Regelungen in den Ländern nicht zu sehr voneinander abweichen. Dazu sollen die jeweiligen Verordnungen der Länder über den elektronischen Rechtsverkehr angepasst werden. In jedem Fall sind in der Anlage zu der Verordnung über den elektronischen Rechtsverkehr die Grundbuchämter aufzunehmen, bei denen der elektronische Rechtsverkehr verbindlich zugelassen wird. Derzeit sind in der Verordnung der Sächsischen Staatsregierung über den elektronischen Rechtsverkehr in Sachsen (SächsERVerkVO) nur die drei Registergerichte für den Bereich Handels-, Genossenschafts- und Partnerschaftsregister enthalten, ab 1. August 2010 ist die elektronische Antragseinreichung auch für die dort geführten Vereinsregister zugelassen.

2.4 Technische Voraussetzungen

Um eine direkt adressierbare Einrichtung des Grundbuchamts nach *§ 135 Abs. 1 Nr. 3 GBO* zu schaffen, muss jedes Grundbuchamt ein eigenes EGVP-Postfach (Backend) erhalten. Da betreten wir mit unserer Stand-Alone-Lösung Neuland, noch in keinem Land und Verfahren wurde EGVP bei einer zentralen Lösung für mehrere Gerichte eingeführt. Hierfür sind neue IT-Konzepte zu entwickeln. So erscheint es wenig sinnvoll, bei den 30 Grundbuchämtern lokal einen PC für den EGVP-Posteingang zu installieren, von dort dann die Dokumente über Netz an die Zentrale in das Fachverfahren zu übertragen und von der Zentrale die Dokumente wieder zur Bearbeitung an die lokalen PC zu übertragen. Es bestehen Überlegungen, die 30 direkt adressierbaren EGVP-Backends bei der Zentrale zu installieren, damit nur einmal die Dokumente über das ferne Netz übertragen werden müssen.

Das Programm SolumSTAR verfügt derzeit über einen Prototypen, mit dem eine Entgegennahme elektronischer Anträge in Grundbuchsachen grundsätzlich möglich ist, dieser ist für einen Praxiseinsatz aber noch nicht geeignet. Eine Praxistauglichkeit soll mit Programmerweiterungen einer Ausbaustufe 2 bis Oktober 2010 realisiert werden. Dabei soll die Nachrichtenübernahme aus dem EGVP in das Fachverfahren SolumSTAR mit einem Web-Service (SolumVPSin) gestaltet werden. SolumSTAR wird um eine Antragsübersicht erweitert. Diese ermöglicht dem Grundbuchmitarbeiter die Anzeige und Weiterverarbeitung der elektronischen Anträge. Ein entsprechender Fall wird automatisch erzeugt, dies ersetzt die bisherigen Tätigkeiten Fall erzeugen, Beteiligte und Urkunden eintragen, Grundbuchblätter zuordnen. Die Fallerzeugung erfolgt anhand der X-Justiz-Antragsdaten. Vorerst werden nur X-Justizdaten für Grundpfandrechte und Auflassungsvormerkungen vom Fachverfahren strukturiert zum Fall übernommen. Trotzdem erscheint eine Zulassung für alle Anträge auch ohne Strukturdaten sinnvoll. Anträge können auch einem bestehenden Fall zugeordnet werden. Es wird ein Vorschlag zum Eintragungstext generiert. Im Fallhauptdialog werden alle Dokumente, die zu den Anträgen gehören in einer Baumstruktur aufgelistet.

Der Postausgang ist bereits für Eintragungsmitteilungen und einfache Grundbuchausdrucke, die nicht signiert werden sowie für Dokumente aus dem Dokumenteneditor, wie Zwischenverfügungen oder Zurückweisungen realisiert. Amtliche Grundbuchausdrucke dürfen nicht über EGVP verschickt werden. Alle Dokumente, die vom Dokumenteneditor erzeugt und über EGVP verschickt werden, können bei Bedarf signiert werden. Zwischenverfügungen und Beschlüsse müssen gemäß *§ 140 GBO* signiert werden. Die elektronischen Nachrichten und Dokumente werden aus SolumSTAR heraus über eine virtuelle Poststelle (EGVP) versandt. Es wird eine neue Versandart „VPS" eingeführt. Wenn für einen Beteiligten diese Versandart gewählt ist, werden Mitteilungen oder Ausdrucke sowie Dokumente zusammen mit der Signatur-Datei über einen Web-Service „SolumVPS out“ an das EGVP weitergeleitet. Die Postfach-Adresse (govello-ID des EGVP) wird für den Empfänger in der Beteiligtenverwaltung hinterlegt. Den Versand übernimmt das EGVP. In Sachsen soll zunächst mit dem Versand der Eintragungsmitteilungen über einen zentralen EGVP-Slave (nicht adressierbar) für alle Grundbuchämter begonnen werden. Der Notar erhält dann über das EGVP Post von dem Absender „Grundbuchämter Sachsens“. Aus dem Inhalt der Mitteilung kann dann das betreffende Grundbuchamt entnommen werden. Ein Versand von signierten Dokumenten wird erst später möglich sein.

2.5 Kommunikationswege

Wie hat man sich nun den Ablauf von der Beurkundung beim Notar bis zur Eintragung im Grundbuch und der Archivierung der Dokumente in der elektronischen Grundakte vorzustellen? Die Beurkundung von Erklärungen und die Beglaubigung von Unterschriften wird unverändert beim Notar in Papierform stattfinden. Anstelle der Versendung in Papierform wird der Notar mit Hilfe der qualifizierten elektronischen Signatur elektronisch beglaubigte Abschriften ***(§ 39a BeurkG***) der beim Grundbuchamt einzureichenden Dokumente fertigen. Die erstellten Dokumente sind mit strukturierten Daten im XML-Format zu verbinden, die den wesentlichen Inhalt des Eintragungsantrages maschinenlesbar wiedergeben. Dazu kann der Notar das Programm XNotar verwenden. Der Versand an das Grundbuchamt erfolgt über das EGVP. Als zentraler Posteingangsserver in Sachsen fungiert der Governikus Intermediär der Sächsischen Staatsregierung. Der Intermediär erzeugt mit Dokumenteingang den Zeitstempel, dieser gilt nach ***§ 136 Abs. 1*** GBO als Antragseingang. Der Eingang ist dem Absender unter Angabe des Eingangszeitpunktes unverzüglich zu bestätigen, der Intermediär versendet automatisiert eine elektronisch signierte Eingangsbestätigung. Vom Intermediär muss eine automatische Weiterleitung an die entsprechenden EGVP-Backends der adressierten Grundbuchämter erfolgen. Mit dem Web-Service „SolumVPSin“ werden Nachrichten, die vom EGVP-Postfach für das Fachverfahren zur Verfügung gestellt werden, in die Antragsübersicht von SolumSTAR und die Dokumentenablage übernommen.

Die Kommunikationswege beim Postausgang nutzen die Funktionalitäten des Mitteilungsverfahrens von SolumSTAR. Die Eintragungsmitteilungen oder Grundbuchausdrucke werden unsigniert in das Austauschverzeichnis „SolumVPS out“ gelegt. Die Dokumente aus dem Dokumenteneditor können bei Bedarf signiert werden und werden dann zusammen mit der Signaturdatei in das Austauschverzeichnis gelegt. Dort wird ein XJustiz-Datensatz erzeugt und gemeinsam mit den

Dokumenten über das EGVP-Postfach des Grundbuchamts an den zentralen bundeseinheitlichen Intermediär und von dort an das entsprechende EGVP-Postfach des einreichenden Notars übersandt.

2.6 Vorteile des elektronischen Rechtsverkehrs

Der Zugang zu den Gerichten wird unter Wahrung der Rechtssicherheit durch Nutzung des OSCI-Standards erleichtert. Die Zugangsmöglichkeiten zu den teilnehmenden Gerichten sind "rund um die Uhr" gegeben. Die Antragsreihenfolge kann somit unmittelbar und unabhängig von den Öffnungszeiten des Grundbuchamts durch den Antragsteller beeinflusst werden. Der Notar erhält sofort und automatisch eine signierte Eingangsbestätigung seiner Anträge. Der elektronische Rechtsverkehr führt zu einer Beschleunigung von Verfahren und zu Effizienzsteigerungen in der Bearbeitung bei den Notaren und Gerichten. Wegfallende Papierausdrucke und Postwege führen zu Zeit- und Kostenersparnissen auf Justiz- und Notarseite. Die für die Grundbucheintragung erforderlichen Daten müssen nur einmal maschinenlesbar erfasst werden, das geschieht bereits im Notariat. Mit einer modernen Notariatssoftware werden XJustiz-Daten erzeugt. Bei den Grundbuchämtern ergibt sich die Möglichkeit der elektronischen Weiterverarbeitung der strukturierten Eingangsdaten im Fachverfahren. Die vom Grundbuchamt übermittelten strukturierten Daten können für die Vorbereitung weiterer Urkunden im Notariat verwendet werden.

2.7 Ausblick auf eine elektronische Archivierung

Bis zur vollständigen elektronischen Aktenführung und Archivierung ist es noch ein weiter Weg. Es soll damit begonnen werden, neu eingehende elektronische Dokumente zur elektronischen Akte zu nehmen. In Sachsen soll eine Hybridaktenführung (Teile in Papier und Teile elektronisch) zugelassen werden. Vorhandene Papiergrundakten könnten damit später bei Bedarf entweder vollständig oder teilweise, je nach Anforderung gescannt und elektronisch versandt werden, was auch für externe Einsichtnehmer interessant sein kann. Aber das ist noch Zukunftsmusik, die eingehend betrachtet werden muss. Sollte uns eine vollständige elektronische Archivierung gelingen, wäre eine gewaltige Einsparung von Archivflächen möglich. Es entstehen elektronische Einsichtsmöglichkeiten für die Grundakten auch im externen Abrufverfahren. Durch digitale Verlinkungen und Nutzung von Suchfunktionen zum schnelleren Auffinden von gesuchten Textstellen und durch Wegfall des aufwändigen Herstellens von Papierkopien ergeben sich Einsparungen von Zeit, Kosten und Personal.

2.8 Bevorstehende Maßnahmen und Zeitvorstellungen

Erste Tests zum Versand von Eintragungsbekanntmachungen über EGVP sollen im September 2010 erfolgen, hierfür werden interessierte Notare benötigt, die sich am Testsystem des EGVP anmelden. Für die Zulassung von elektronischen Antragseingängen sind zuerst die rechtlichen Voraussetzungen durch Erlass einer Landes-Rechtsverordnung zu schaffen. Die technischen Voraussetzungen durch Installation von 30 EGVP-Backends für die Grundbuchämter sind zu realisieren. Die Programmanpassungen in SolumSTAR sollen im 4. Quartal 2010 vorliegen und können dann Anfang 2011 in Sachsen mit Unterstützung interessierter Notare getestet werden. Es sind Pilotgerichte auszuwählen, die das Verfahren im Parallelbetrieb und anschließend im Echtbetrieb betreiben. Es entsteht Schulungsbedarf für alle Grundbuchmitarbeiter. Vor Aufnahme des Pilotbetriebes planen wir eine Auftaktveranstaltung mit den sächsischen Notaren. Falls die rechtlichen Voraussetzungen in einer Landesrechtsverordnung bis dahin vorliegen, könnte eine Pilotierung im 2. Quartal 2011 möglich sein.

3. Ausblick auf das Datenbankgrundbuch

3.1 Sachstand

Seit 2002 gibt es Bestrebungen, die derzeit in der Bundesrepublik im Einsatz befindlichen Fachverfahren zur Grundbuchführung SolumSTAR, FoliaEGB und zwischenzeitlich auch ARGUS-EGB in Mecklenburg-Vorpommern durch ein bundeseinheitliches Datenbankgrundbuch abzulösen. 2004 wurde mit der Erstellung des Fachfeinkonzeptes begonnen. Bis 2007 wurde eine Grobübersicht erstellt, die Zusammenarbeit mit dem damaligen Auftragnehmer musste aus vertraglichen Gründen beendet werden. 2008 wurde ein erneutes europaweites Vergabeverfahren eröffnet, dieses musste 2009 abgebrochen werden, da kein wirtschaftlich vertretbares Angebot vorlag. Bis April 2010 wurde die Leistungsbeschreibung erneut überarbeitet. Im Mai 2010 erfolgte eine europaweite Neuausschreibung. Der Zuschlag hierauf kann frühestens ab Mai 2011 erteilt werden. Für die Konzepterstellung und die Entwicklung eines Prototyps für die Migration ist ein weiteres Jahr eingeplant. Danach soll für die Programmrealisierung eine weitere Ausschreibung erfolgen. Eine Fertigstellung des Programms ist nicht vor 2015 realistisch. Mit einem Einsatz des Datenbankgrundbuchs in Sachsen ist daher nicht vor 2016 zu rechnen.

3.2 Projektziele

Ziel des Datenbankgrundbuchs ist eine strukturierte Grundbuchführung. Der Eintragungsinhalt des Grundbuchs soll in seine Einzelbestandteile zerlegt werden, alle Informationen sollen vollständig strukturiert in getrennten Datenbankfeldern abgelegt werden. So entstehen recherchierbare Einzelinformationen, die z. B. eine Suche nach Gläubigern oder nach Berechtigten eines Rechtes ermöglichen. Es sollen alle Grundstücke eines Eigentümers oder alle Leitungen eines Versorgungsunternehmens auch über die Grenzen eines Amtsgerichtes hinweg recherchiert und über Listen angezeigt werden können. Die Eintragungsbestandteile sollen zukünftig logisch miteinander verknüpft werden, so dass eine automatisierte Berichtigung erfolgen kann, wenn sich der Belastungsgegenstand oder die Mithaftstelle ändert. Hierzu sollen Zentralzuständigkeiten in jedem Bundesland geschaffen werden. Es sollen auch Verknüpfungen zu Daten außerhalb des Systems, wie zu den Anschriften, zu den Urkunden in der elektronischen Grundakte und zu den Flurstücksdaten der Geoinformationssysteme entwickelt werden. Durch einen „Klick“ auf die Bewilligung öffnet sich dann die entsprechende Urkunde, durch „Anklicken“ des Flurstücks im Bestandsverzeichnis öffnet sich die digitale Flurkarte. Durch die neuen Zulassungsbestimmungen zum externen Abrufverfahren bietet es sich an, ein einheitliches Grundbuchportal mit einem einheitlichen Zugang für alle Systeme zu schaffen. Der elektronische Rechtsverkehr soll weiter ausgebaut und auf europäische Standards angepasst werden. Mit einem entsprechenden Workflow soll die automatisierte Übernahme aller Strukturdaten in das Fachverfahren ermöglicht werden. Voraussetzung für die Wirtschaftlichkeit des Projektes ist es, eine Migrationssoftware zu entwickeln, die die vorhandenen Grundbuchdaten aus den Vorsystemen weitgehend automatisiert in die Datenbankstruktur überführt. Die derzeitig eingesetzten Fachverfahren müssen vollständig abgelöst werden, ab einem bestimmten Zeitpunkt soll die Grundbuchführung nur noch im neuen System erfolgen. Die Grundbücher können anfallsweise oder in Migrationszentren migriert werden. Organisatorische Überlegungen dazu müssen zu gegebener Zeit angestellt werden. Alle mit dem Grundbuchamt kommunizierenden Behörden sollen über Standardschnittstellen und automatisierten Datenaustausch an das neue System angeschlossen werden, es wird Schnittstellen zu den elektronischen Akten, der

Kataster- und Vermessungsverwaltung mit ALKIS®, den Bodenordnungsbehörden mit dem Landentwicklungsfachinformationssystem (LEFIS) sowie den Kassenverfahren bei der Landesjustizkasse geben.

3.3 Grundbuchansichten

Bei den Ansichten muss man sich zukünftig von der Vorstellung lösen, dass Text in bestimmte Spalten eines Grundbuchs eingetragen wird. Es wird eine Datenbank geben, die mit klar definierten Inhalten gefüllt ist. So kann man die Datenbankinhalte auf verschiedene Weise visualisieren. Von der bundesweiten Projektgruppe Datenbankgrundbuch wurden Ideen für die Darstellung einzelner Ansichtsformen entwickelt, wie und ob diese von einem technischen Realisierer umgesetzt werden, ist noch offen. Die bisherige *chronologische* Ansicht mit ihrer Abteilungsstruktur soll erhalten bleiben, besteht aber zukünftig nicht mehr aus Textinformationen oder gescannten Bildern, sondern setzt sich aus strukturierten Einzelinformationen zusammen. Es bestehen Vorstellungen, bei der *aktuellen* Ansicht von der heutigen Abteilungsstruktur abzuweichen. Die Darstellung soll sich in die Abschnitte *Eigentum, Bestand, Beschränkungen, Lasten* und *Grundpfandrechte* gliedern. Im Abschnitt Beschränkungen könnten neben den Zwangsversteigerungs- und Insolvenzvermerken auch die Vormerkungen auf Eigentumsübertragung stehen, so dass unter Lasten nur die klassischen Dienstbarkeiten, Reallasten, Nießbräuche und dergleichen stehen würden. Gelöschte Eintragungen sollen bei der *aktuellen* Ansicht grundsätzlich nicht angezeigt werden. Neben der Ansicht nach Abschnitten soll es auch eine Rangtabelle geben, in der die Beschränkungen, Lasten und Grundpfandrechte als Rubrik „Belastungen" in ihrer Rangfolge dargestellt werden. Soweit es relative Rangverhältnisse gibt, die sich tabellarisch ohne Rangvermerke nicht darstellen lassen, soll ein Hinweis ausgegeben werden, dass eine Rangtabelle nicht in Tabellenform darstellbar ist und sich der Inhalt aus der *chronologischen* oder *aktuellen* Ansicht, wie bisher mit entsprechenden Rangvermerken ergibt. Konzipiert wurde bereits eine *Objektansicht* in Baumstruktur, bei der der Grundbuchinhalt je nach Suchkriterium detailliert in verschiedenen Ebenen dargestellt werden kann. Der Stand zum Zeitpunkt der Datenübernahme in das neue System wird als *historische* Grundbuchansicht dauerhaft erhalten bleiben. Dieser Stand wird nicht fortgeführt sondern dauerhaft archiviert.

3.4 Rechtsänderungsvorschläge

Die Projektgruppe „Bundeseinheitliches Datenbankgrundbuch“, die aus Justizmitarbeitern verschiedener Bundesländer besteht, hat im Rahmen des Projektes die GBO überprüft und umfangreiche Rechtsänderungen beim Bundesjustizministerium angeregt. Die Vorschläge wurden geprüft, teilweise auch abgelehnt aber auch zur weiteren Abstimmung mit den Ländern angenommen. Ein wesentliches Kriterium für den Erfolg des Datenbankgrundbuchs ist das richtige Befüllen der Datenbankfelder. Wenn man beispielsweise nach einem Gläubiger sucht, der aber im Feld Rangverhältnis steht, ist das Grundbuch nach heutiger Sichtweise nicht unrichtig, beim Datenbankgrundbuch würde es aber zu einer falschen Visualisierung führen und bei einer Datenbankrecherche keine Anzeige ergeben, somit das Grundbuch unrichtig machen. So muss erreicht werden, dass so wenig Freitext wie möglich zugelassen wird und alle Standardvermerke über feste Auswahllisten gefüllt werden können. Der Rechtspfleger muss verpflichtet werden, die Datenbankfelder bestimmungsgemäß zu befüllen, was zu Einschränkungen in seiner „rechtspflegerischen Freiheit“ führen kann. Dies soll auf eine gesetzliche Grundlage gestellt werden. Das *Grundbuch im Rechtssinn* soll neu definiert werden. Der Inhalt des Datenspeichers soll zukünftig das *Grundbuch im Rechtssinn* bilden, bestehend aus Parametern (Aktionsgründen und Attributen) und Verknüpfungen (Relationen). Hierauf bezieht sich der Gutglaubensschutz (§ 892 BGB). Hiervon getrennt betrachtet werden muss die Thematik der Visualisierung des Grundbuchs im Rechtssinn (Trennung von Darstellung und Inhalt des Datenspeichers). Die Darstellung (verschiedene Ansichtsformen) des Inhaltes des Datenspeichers dient nur der Visualisierung und ist somit selbst nicht Bestandteil des Grundbuchs im Rechtssinne. Eine fehlerhafte Darstellung des Inhaltes des Datenspeichers ermöglicht keinen gutgläubigen Erwerb, führt allenfalls zu Haftungsansprüchen. Für die Darstellung des Inhaltes des Datenspeichers muss unabhängig von der jeweiligen Ansichtsform gewährleistet sein, dass der jeweilige Parameter immer verständlich dargestellt wird.

Neu ist der Ansatz der Abbildung eines *Grundstücks*. Ein *Grundstück* kann heute aus einem bis n Flurstücken bestehen, die in Abteilung II unterschiedlich belastet sein und teilweise auch unterschiedliche Rangverhältnisse aufweisen können. Hier will man die Erfahrungen aus Österreich nutzen, wo ein *Grundstück* im Bestandsverzeichnis des Grundbuchs wesentlich einfacher abgebildet wird. Dies wird zu wesentlich einfacheren Datenbankstrukturen führen. Beim Bundesjustizministerium laufen derzeit Abstimmungen mit der Innenverwaltung zu dieser Thematik. Diese Rechtsänderung kann sich nur auf zukünftige Strukturen beziehen, und die bestehenden Strukturen nur langfristig ablösen. Es soll nur noch eine rechtliche Teilung oder Vereinigung (§ 890 BGB) geben. Dann kann eine Belastung grundsätzlich nur an einem *Grundstück* und nicht an Grundstücksteilen (Flurstücken) bestehen. Die Entscheidung zur Grundstücksteilung oder Vereinigung soll beim Grundbuchamt bleiben. Etwaige Teilungsgenehmigungen sollen vom Grundbuchamt geprüft werden. Erst nach rechtlicher Prüfung der Grundstücksteilung/-vereinigung soll das Katasteramt die vermessungstechnische Teilung/Vereinigung vornehmen. Eine katastertechnische Zerlegung/Verschmelzung ohne rechtliche Teilung/Vereinigung soll es nicht mehr geben. Bevor das Katasteramt tätig wird, muss die rechtliche Prüfung beim Grundbuchamt abgeschlossen sein.

Neu überdenken muss man auch die Auswirkungen von reinen Berichtigungen in der Datenbank. So müssten Namensberichtigungen von Firmen oder bei Eheschließungen nur einmal in der Datenbank vorgenommen werden und würden sich dann durch Verknüpfungen zu allen Belastungsgegenständen automatisch auf alle Buchungsgegenstände und Grundbücher erstrecken, dafür sind Rechtsänderungen erforderlich. Falls es eine landesweite Datenbank geben sollte, wäre eine Berichtigung auch landesweit zweckmäßig. Das gleiche gilt für die Visualisierung von Gesamthaften. Der Datenbankeintrag einer gelöschten Mithaftstelle erstreckt sich durch die Verknüpfungen automatisch auf alle Mithaftstellen. Wenn diese grundbuchamtsübergreifend bestehen, soll es auch möglich sein, diese in übergreifender Zuständigkeit zu aktualisieren und die entsprechenden Texte zu generieren und bei allen betroffenen Grundbüchern zu visualisieren. Es gab umfangreiche Vorschläge zur Vereinfachung des Umgangs mit Briefrechten, so bietet es sich beim Datenbankgrundbuch an, die Briefe bei jeder Veränderung einzuziehen und neu zu erteilen. Das Bundesjustizministerium geht sogar soweit, zu prüfen, ob die Briefrechte nicht ganz abgeschafft werden können. Dazu läuft derzeit eine Umfrage bei den Kreditinstituten, wobei allerdings zahlreiche Kreditinstitute noch immer nicht auf Briefrechte verzichten wollen. Es gibt auch Überlegungen, „Online-Briefe" einzuführen. Insgesamt muss die Grundbuchordnung im Hinblick auf die beabsichtigte strukturierte Datenhaltung komplett überarbeitet werden, die Regelungen zu festen Bänden sind immer noch die Grundlage, hier muss die elektronische Grundbuchführung zum Standard erklärt werden und alles andere zur Ausnahme. Das Bundesjustizministerium hat in Aussicht gestellt, im Jahr 2012 einen vollständig neuen Entwurf einer Grundbuchordnung zur Stellungnahme an die Landesjustizverwaltungen zu übergeben.

4. Fazit

Es ist deutlich geworden, dass sich die Justiz durchaus den modernen Anforderungen von E-Government und elektronischem Rechtsverkehr stellt. Eine Weiterentwicklung und Anpassung bestehender Systeme an innovative Anforderungen ist stets strategisches Anliegen des Sächsischen Staatsministeriums der Justiz und für Europa. Dass die Entwicklungen dabei nur sehr langfristig möglich sind, liegt einerseits an dem komplizierten Abstimmungsbedarf unter den Bundesländern und andererseits an den hoch komplexen Anforderungen einer strukturierten elektronischen Grundbuchführung. Die Zukunft - nicht nur im Grundbuchwesen - bleibt spannend. Es gibt noch viel zu tun, wir werden in unserer Zusammenarbeit noch viele Neuerungen erleben, die die Justiz gemeinsam mit der Notarschaft meistern wird. Ich hoffe auch weiterhin auf eine gute Zusammenarbeit zwischen Justizministerium, Grundbuchmitarbeitern und sächsischen Notaren, um den Herausforderungen gewachsen zu sein.

Der Anfang einer stürmischen Liebe? Thesen zur Einführung des elektronischen Rechtsverkehrs in Grundbuchsachen aus der Sicht des Notars

*Dr. Dominik Gassen**

Mit dem Inkrafttreten des "Gesetzes zur Einführung des elektronischen Rechtsverkehrs und der elektronischen Akte im Grundbuchverfahren" am 1.10.2009 hat der Gesetzgeber ein klares Zeichen für die zukünftige Fahrtrichtung des Grundbuchverfahrens gesetzt. Nach den Erfolgen im Bereich des Handelsregisters soll nunmehr auch hier der nächste Schritt in die schöne neue Welt der elektronischen Kommunikation vollzogen werden. Den Außenstehenden kann das kaum überraschen: Zu ähnlich sind die beiden Verfahren der freiwilligen Gerichtsbarkeit auf den ersten Blick; die Verfahrensbeteiligten sind im Kern die gleichen, die zum Einsatz kommenden Techniken dürften sich in weitesten Teilen ähneln. Also: warum sollte man nicht den logisch nächsten Schritt gehen?

Für den Notar stellt sich die Situation etwas differenziert dar. Während die Umstellung des Anmeldeverfahrens zum Handelsregister in den Büros im Wesentlichen bewältigt wurde und das Verfahren weitgehend reibungslos funktioniert, wird die Anpassung des Grundbuchverfahrens vielfach mit größerer Skepsis beobachtet. Dies hat eine Reihe von Gründen, auf die im Rahmen dieses Beitrags näher einzugehen sein wird.

In der Realität ist der elektronische Grundbuchverkehr über die Signalwirkung des Gesetzes im ersten Jahr nach dem Inkrafttreten kaum hinausgekommen. Die Bundesländer, in deren Kompetenz die Umsetzung der gesetzlichen Vorgaben und die Ausgestaltung der Verfahrensvorschriften fallen, haben bislang noch keine erkennbaren Anstalten gemacht, einen Zeitplan zu veröffentlichen oder klare praktische Schritte in Richtung der Einführung zu Unternehmen. Hierbei spielen Schwierigkeiten bei der technischen Umsetzung eine Rolle, es mag aber auch von Bedeutung sein, dass - anders als bei der Einführung des elektronischen Rechtsverkehrs in Registersachen - kein Zeitdruck für die Umsetzung besteht (wie beim Handelsregister durch eine EU-Richtlinie). Nach seriöser Einschätzung sind auch für das Jahr 2011 allenfalls frühe Pilotprojekte an einzelnen Amtsgerichten zu erwarten. Eine breite Einführung oder gar die verpflichtende elektronische Einreichung von Grundbuchanträgen ist erst mittelfristig zu erwarten - selbst bei den Bundesländern, die die Umstellung aktiv betreiben und befürworten.

* Notar in Bonn, Vorsitzender der Arbeitsgruppe "Neue Technologien" des Rates der Notariate der EU (CNUE).

1. Der elektronische Grundbuchverkehr hat für die Mehrzahl der Notare größeres Gewicht als das Handelsregisterverfahren

Betrachtet man das Urkundsvolumen des typischen Notariats, lässt sich ohne breite empirische Untersuchung feststellen, dass der Bereich des Liegenschaftsrechtes im weitesten Sinne - natürlich insbesondere Grundstückskaufverträge, Grundschulden und ähnliche Vorgänge - nach wie vor eine überragende Bedeutung hat. Auch in andere Zuständigkeitsbereiche wie das Erb- und Familienrecht spielen grundstücksbezogene Vorgänge in vielen Fällen hinein, wie z.B. bei der Immobilienzuordnung bei der Erbauseinandersetzung oder Grundstückszuweisungen im Rahmen von Scheidungsfolgenverträgen.

Jedenfalls überragt aus der Sicht des Urkundsvollzuges das Volumen von Vorgängen mit Grundbuchbezug deutlich das von solchen, in denen Anmeldungen zum Handelsregister vonnöten sind.

Die einzelnen Vorgänge sind darüber hinaus meist vielgestaltiger und komplexer als Registeranmeldungen. In der Folge ist die Anzahl der mit solchen Vorgängen befassten Mitarbeiter bzw. die auf Grundstücksvorgänge verwendeten Ressourcen größer - und auch auf der Umsatzseite schlagen sie in den meisten Ämtern erheblich mehr zu Buche als Gesellschaftssachen.

Natürlich gibt es - gerade in Großstädten - mitunter Notare, bei denen dieses Verhältnis anders aussieht - bis hin zur Umkehrung der geschilderten Gewichtung. Doch selbst hier verbleibt dem Grundstücksrecht in der Regel ein nicht zu unterschätzende Bedeutung.

Die Erfahrung zeigt darüber hinaus, dass die Abwicklung von Grundstückskaufverträgen für die Beteiligten oft mit klaren terminlichen Vorgaben und damit Zeitdruck verbunden ist - mitunter mehr als beispielsweise der typischen Handelsregisteranmeldung von mittelständischen GmbHs. Der Bezugstermin des erworbenen Hauses, die rechtzeitige Bereitstellung der erforderlichen Darlehensmittel - für den Notar sind beim "normalen" Grundstückskaufvertrag Situationen an der Tagesordnung, in denen die Beteiligten schnelle Reaktionen und berechenbare Ergebnisse erwarten. Hat man es bei den Beteiligten mit fordernden "Profis" wie Maklern und Bauträgern zu tun, kann der auf dem Notar lastende Druck groß sein.

Auch auf der Haftungsseite ist das Immobiliarrecht von erheblicher Bedeutung. Die für den Notar mit der Prüfung und Mitteilung der Kaufpreisfälligkeit, der Umschreibungssperre und einer Rangbescheinigung gegenüber eines Grundpfandrechtsgläubigers verbundenen Risiken sind wohlbekannt und Gegenstand eines speziellen Literatursegments.

2. Der elektronische Rechtsverkehr in Grundbuchsachen stellt erheblich höhere Anforderungen (als der Handelsregisterverkehr)

Die bloße Zahl der Grundbuchsachen übertrifft in den meisten Notariaten die der Registerangelegenheiten bei weitem. Das bedeutet, dass man die Hilfsmittel und Methoden, die für die elektronische Handelsregisteranmeldung geeignet sind, vor einer Umstellung des Verfahrens sorgfältig überprüfen muss.

Ein Arbeitsvorgang, der bei zehn Fällen in der Woche etwas umständlich, aber tolerierbar erscheint, kann bei einhundert Fällen in der Woche zu so großen Effizienzverlusten führen, dass die gleiche Fallzahl womöglich nicht mehr mit dem vorherigen Mitarbeiterstamm erledigt werden kann. Beispiele für solche Engpässe sind die händische Übertragung von Daten in die Masken von XNotar oder die elektronische Notarsignatur (bei der allerdings schon erhebliche technische Verbesserungen erreicht wurden).

Die Grundbuchanträge (zu einer typischen Sache wie einem Grundstückskaufvertrag) müssen regelmäßig in bestimmter Reihenfolge und unter Berücksichtigung von internen Abhängigkeiten gestellt werden - anders als die meisten Registeranmeldungen. Auch wenn große gesellschaftsrechtliche Vorgänge insbesondere im Bereich des Umwandlungsrechtes hochkomplex sind, so führt dies meist nicht zu einer Entsprechung beim registerlichen Vollzug. Hier bringt der Grundbuchantrag ganz neue Anforderungen an die Methoden mit sich, die noch zu entwickeln sind.

Die Struktur des Grundbuches insbesondere mit Abt. II und III sowie den zu beachtenden Veränderungsspalten und den teilweise unübersichtlichen Rangverhältnissen führt dazu, dass auch die Datenstrukturen, die für die Bezeichnung eines Rechtes sowie dessen gewünschte Veränderung komplexer sein müssen. Hier lehrt die Erfahrung, dass eine Erhöhung der Komplexität auch die Mehrdeutigkeit der Daten erhöht, was wiederum zu Kommunikationsproblemem zwischen Antragsteller und Gericht führt, da dieses den strukturierten Antrag anders interpretiert als der Antragsteller.

Zu den allermeisten Anträgen und Anmeldungen gehören weitere Daten - in der Regel eingescannte Dokumente oder andere Anlagen. Während im Registerbereich mitunter das Volumen der einzelnen Anlagen (wieder insbesondere im Umwandlungsrecht) ein Problem darstellt, sind bei Grundbuchanträgen sowohl farbige Vorlagen (z.B. bei Teilflächenverkäufen) als auch überdimensionierte Pläne (z.B. bei Teilungserklärungen) an der Tagesordnung. Auch hier fehlen noch Erfahrungen im Umgang sowie erprobte technische Lösungswege bzw. Alternativen jenseits der elektronischen Übertragung.

Erheblich spannender als beim Handelsregister ist auch die Frage des Eingangs des Grundbuchantrag im Hinblick auf Rang und Prioriät, besonders wenn die klassische und die elektronische Antragstellung nebeneinander zugelassen werden. In dieses Thema spielt auch die auch im Papierbereich noch ungelöste Frage einer bei Antragstellung nicht zu erkennenden Priorität eines noch nicht eingetragenen gerichtlichen Beschlusses, z.B. über die Eröffnung der Insolvenzverfahrens über das Veräußerervermögen hinein.

3. Die kritische Zeitkomponente

In der Erfahrung des Notars zeigt sich in zunehmendem Maße, dass die allgemein erkennbare Beschleunigung des modernen Lebens auch vor dem Grundstücksverkehr nicht halt macht. Vertragsentwürfe werden regelmäßig noch am gleichen Tag erwartet, ist die Ausfertigung nach zwei Tagen noch nicht im Briefkasten, kommen ungeduldige Nachfragen.

Wer hier schon auf glühenden Kohlen sitzt, der hat wenig Verständnis für eine mehrwöchige Antragsbearbeitungsfrist beim Grundbuchamt. nun mag man trefflich darüber streiten, ob die "Entschleunigung" gerade in diesem Bereich nicht für die Beteiligten durchaus heilsame Wirkungen haben kann. Der wohlüberlegte Entschluss ist allemal dem hastigen Vertragsabschluss vorzuziehen, der die Beteiligten später reut. Allerdings kommt die Bearbeitungsfrist des Grundbuchamtes (anders als die "Bedenkzeit" des § 17 Abs. 2a Nr. 2 BeurkG) zur Unzeit: Hier ist nach Beurkundung bereits alles klar - oft möchten die Beteiligten so schnell wie möglich zahlen und den Besitz des Kaufobjektes übergeben.

Die Bearbeitungsfristen führen dazu, dass sich die Notare in die Rolle desjenigen gedrängt sehen, der durch Hilfskonstruktionen eine zeitnahe und berechenbare Vertragsdurchführung ermöglicht: Mit der Rangbescheinigung übernimmt er dem Gläubiger gegenüber die Haftung für die rangrichtige Eintragung der Grundschuld. Ist Not am Mann, bestätigt er auch die "Sicherstellung" einer beantragten Auflassungsvormerkung - was auch immer im Einzelfall darunter zu verstehen ist. In sämtlichen Fällen bewegt sich der Notar mitunter auf dünnem Eis und drückt die Daumen, dass ihm bloß nicht noch eine Beanstandung den antizipierten Eintragungserfolg noch durchkreuzt. Selbst wenn die entsprechenden Bestätigungen moderate Gebühren auslösen: Der Notar würde gerne darauf verzichten, um das Damoklesschwert der von ihm nicht immer beherrschbaren Haftung loszuwerden.

Im gleichen Zusammenhang hat auch der archaisch anmutende "Gerichtsgang" noch heute seine Berechtigung: Die direkte Rücksprache mit dem Geschäftsstellenbeamten vor Ort ist meist die sicherste und oft die einzige Möglichkeit, um ein für die vorgenannten Rangbescheinigungen ausreichendes Maß an Sicherheit über den Verfahrensstand zu erlangen. Wo der Weg zum Gericht zu weit geworden ist, ersetzt diesen meist ein Anruf.

Bei der Umstellung auf elektronische Verfahren fällt die Notwendigkeit für diesen Kontakt nicht automatisch weg - jedenfalls dann nicht, wenn der Antragsteller nicht mit unverzüglichem Verzug rechnen darf. Bei den Handelsregistern ist jedoch eine Tendenz zu beobachten, mit dem Verweis auf den elektronischen Kommunikationsweg die herkömmliche Erreichbarkeit zu reduzieren - wohl auch weil mit der Effizienzsteigerung das Personal ausgedünnt wird.

Dies ist beim Grundbuch nicht hinzunehmen, wenn nicht bei der Verfahrensumstellung adäquater Ersatz geschaffen wird:

Der Antragseingang muss eindeutig und belastbar vom Antragsteller nachzuvollziehen sein. Hierbei ist das aktuell verwendete EGVP-System mit einigen Schwächen behaftet, da dieses den Eingang lediglich auf dem allgemeinen Justiz-Intermediär-Server bestätigt, nicht aber den Abruf durch die Poststelle des Grundbuchamtes oder den Import in das für die Eintragung verwendete System. Hier gibt es für den Außenstehenden eine Reihe von Fragezeichen und Unwägbarkeiten, die dort fehl am Platze sind, wo von der Zuverlässigkeit einer Information Haftungsfragen abhängen. Jedenfalls auf Verordnungsebene sollte im Detail klarer geregelt werden, wie Prioritätskonflikte gelöst werden. Schärfer formuliert: Darf sich der Notar darauf verlassen, dass der von ihm gestellte und zu einem nachweisbaren Zeitpunkt auf dem Justizserver eingegangene Antrag Priorität nach dem virtuellen Eingangsstempel erhält - unabhängig von der Frage ob und wann er beim zuständigen Rechtspfleger zur Bearbeitung vorliegt?

Die Antragsliste muss in gleichem Maße verlässlich geführt werden und mit Vertrauensschutz versehen sein, wenn diese für den Notar die einzige Erkenntnisquelle ist, aus der er über etwa vorrangige Eintragungsanträge erfahren kann. Hierbei darf auch provokant gefragt werden, ob nicht "gerichtsinterne" Vorgänge wie die Beschlagnahme oder die Eröffnung des Insolvenzverfahrens in diesem Zuge in die Systematik eingefügt werden sollten und die in der Praxis oft Probleme bereitende Privilegierung noch gerechtfertigt ist. Wieder zugespitzt gefragt: Wenn sich der Notar auf den elektronischen Kommunikationsweg einlassen und seinen Zwängen fügen muss, warum sollen nicht die unterschiedlichen Gerichte und Abteilungen, die auch technisch den "kürzeren Draht" zum jeweiligen Grundbuchamt haben verpflichtet sein, grundbuchrelevante Entscheidungen unverzüglich zur Eintragung zu bringen?

Abschließend muss nicht nochmals betont werden, dass mit der Einführung des elektronischen Rechtsverkehrs die feste Erwartung verbunden sind, dass sich die Bearbeitungszeiten merklich und nachhaltig verkürzen. Übernimmt der Notar wie beim Handelsregister zusätzliche Aufgaben ohne entsprechende Kompensation, sollte spiegelbildlich auch auf Justizseite ein Bemühen zu spürbaren Verbesserungen erkennbar sein. Jedenfalls wäre es der falsche Weg, auf die durch den Notar bewirkte Arbeitserleichterung mit einem Abbau von Personal zu reagieren, so dass am Ende auch bei geringerem Aufwand für den Einzelantrag die durchschnittliche Bearbeitungszeit gleich bleibt.

4. Teileinführung - Erleichterung oder Belastung?

Das Gesetz sieht vor, dass die Länder von der Ermächtigung zur Einführung des elektronischen Rechtsverkehrs in Grundbuchsachen in vielfacher Hinsicht differenziert Gebrauch machen können. So kann die Einführung zunächst nur einzelne Gerichte und einzelne Verfahren oder Antragsarten (wie die Eintragung der Vormerkung oder einer Grundschuld) betreffen. Dies mag eine Erleichterung für diejenigen sein, die organisatorischen Aufwand und Risiko einer breiten Umstellung scheuen.

Aus Sicht des professionellen Antragstellers droht das unerfreuliche Bild eines deutschlandweiten Flickenteppiches. Wenn jeder auf seine Weise Gebrauch von der Ermächtigung macht (oder eben nicht), ist es für den Antragsteller mit vertretbaren Umfang außerhalb seines engen regionalen Bereiches nicht möglich zu ermitteln, in welcher Form das zuständige Gericht am Alpenrand oder der Nordseeküste seinen Antrag entgegennehmen möchte. Hier wird oft übersehen, dass Notare in Grundbuchsachen bundesweit tätig werden, wo die Beteiligten vor Ort entsprechende Beurkundungsaufträge an sie herantragen.

Die Teileinführung hat nur Platz in zeitlich begrenzten Pilotprojekten. Auch die Beschränkung auf bestimmte Antragsarten ist nur sinnvoll, wenn es einen klar vorgezeichneten Weg gibt, in zumutbarem Zeitraum sämtliche Anträge auf dem gleichen Weg zu stellen.

Unter Praktikern wird immer gerne der Streit geführt, ob dem Notar die verpflichtende Einführung des elektronischen Übertragungsweges zuzumuten sei. Aus der Umstellung des Anmeldeverfahrens zum Handelsregister kann man jedoch bei realistischer Betrachtung nur den Schluss ziehen, dass ein solcher, nach einer kurzen Erprobungsphase entschieden und vorbehaltslos durchgeführter Wechsel positiv bewirken kann, dass alle Beteiligten sich mit höchster Konzentration auf den Stichtag vorbereiten und mit vereinten Anstregungen schnell (wenn auch nicht mühelos) die für das Verfahren notwendige kritische Masse erreicht wird. Übergangsfristen führen demgegenüber in der Regel nur dazu, dass die Mehrheit das Problem bis zum Ablauf der Übergangsphase auf Wiedervorlage legt und sich am Ende trotzdem über die zu kurze Frist beschwert. Die mitunter erwogenen Anreize wie schnellere Antragsbearbeitung oder höhere Priorität unterliegen demgegenüber oft zurecht rechtsstaatlichen Bedenken.

5. Mitarbeiterqualifikation

Ein bedeutender Faktor bei der Bewertung der bevorstehenden Umstellung sind die Mitarbeiter des Notars, die in der Praxis die Hauptlast des veränderten Verfahrens tragen müssen. Hierzu ist es wichtig zu wissen, dass bei der Differenzierung und Spezialisierung von Angestellten im Notarbüro der Bereich Gesellschaftsrecht und Handelsregister oft nur bestimmten, speziell qualifizierten Angestellten zugeordnet ist. Darum sind das Verfahren der elektronischen Registeranmeldung und die hierzu verwendeten Programme mitunter auch nur einem kleinen Teil der Mitarbeiter vertraut. Demgegenüber gibt es wohl kaum einen Notariatsangestellten, bei dem der Umgang mit Immobiliengeschäften und das Stellen von Grundbuchanträgen nicht zum täglichen Brot gehören.

Daraus ergibt sich zunächst ein Problem im Hinblick auf die Menge der zu qualifizierenden Mitarbeiter. Betrifft der Schulungsbedarf jeden Einzelnen, dürfte die Nachfrage nach entsprechenden Fortbildungsveranstaltungen noch höher sein als bei der Einführung der el. Registeranmeldung. Ob dies mit den bisher vorhandenen und erprobten Mitteln noch zu leisten ist, ist noch unklar, dürfte aber von allen Beteiligten erhebliche Anstrengungen verlangen.

Das zweite Problem ist jedoch ein qualitatives: Nicht alle Mitarbeiter können in gleichem Maße mit dem neuen Stand der Computertechnik umgehen. Auch wenn es in den wenigsten Büros noch "Totalverweigerer" geben dürfte, gibt es genügend Fälle, in denen die Kapazitäten für die Umsetzung gravierender Neuerungen begrenzt erscheinen. Es wird sich zeigen müssen, ob man die gesamte Belegschaft in das elektronische Verfahren mitnehmen kann. Dort, wo eine Überforderungssituation eintritt, ist der Notar in der Pflicht, dem betreffenden Mitarbeiter einen angemessenen Arbeitsplatz in einer der wenigen verbleibenden Nischen zuzuweisen, in denen die Technik noch nicht in diesem Maße im Vordergrund steht. Auch die hiermit einhergehende Entwertung von Mitarbeiterpotentialen wird Anlass für Reibungen sein.

6. Die richtigen Werkzeuge

Es erscheint gänzlich ausgeschlossen, die Einführung des elektronischen Grundbuchantrages zu bewältigen, ohne hierzu spezielle und leistungsfähige Arbeitsmittel und Werkzeuge zu nutzen. Der erste Blick fällt dabei notwendigerweise immer auf XNotar, die von der Bundesnotarkammer bereitgestellte Referenzapplikation für den elektronischen Rechtsverkehr, deren Handelsregistermodul mit der Version 3.0 bereits einen vorzeigbaren Reifegrad erreicht hat.

In den meisten Büros gelingt mit diesem Programm der tägliche Vollzug von Registersachen in angemessener Form und mit überschaubarem Aufwand. Rückmeldungen von Notariaten mit einem ausgeprägten Schwerpunkt im Bereich Gesellschaftsrecht lassen aber erahnen, dass die Skalierbarkeit des Programmes nicht optimal ist - wo viele Vorgänge anfallen, wird die Arbeit mühsamer und die Effizienz nimmt ab.

Vom Start weg war eines der bekannten Probleme bei der elektronischen Handelsregisteranmeldung das der mehrfachen Datenerfassung. Beteiligten- und Vorgangsdaten, die für die Urkunde bereits in der Notariatssoftware erfasst waren, mussten in XNotar nochmals eingetippt werden - offensichtlich doppelter Arbeitsaufwand mit erhöhtem Fehlerrisiko. Es hat eine Reihe von Ansätzen gegeben, diesem Problem beizukommen; XNotar bietet an verschiedenen Stellen Integrations- und Datenimportmöglichkeiten. Auch haben manche Anbieter von Notarprogrammen die Funktionen von XNotar in die eigenen Anwendungen integriert. Nach dem Eindruck vieler Notare sind diese Anstrengungen jedoch eher halbherzig geblieben.

Der Grund dafür, dass der Druck hier eine markeinheitliche und überzeugende Lösung zu entwickeln gering geblieben ist, darf in der eingangs geschilderten Einsicht gesucht werden, dass der Leidensdruck in den meisten Ämtern nicht groß genug ist, wenn Registersachen nur einen kleineren Bruchteil des Urkundsaufkommens ausmachen.

Leider ist zu befürchten, dass sich diese Situation mit der breiten Einführung des elektronischen Grundbuchantrags erheblich verändern wird. Auch dort, wo bisher der elektronische Rechtsverkehr nur eine untergeordnete Rolle spielte werden die Kollegen schnell die zusätzliche Arbeitsbelastung der Mitarbeiter und die damit einhergehenden Verluste an Erledigungseffizienz spüren. Die lange herausgeschobenen Hausaufgaben müssen dringend gemacht werden, um das bewährte Qualitätsniveau des Notariats beim Urkundsvollzug halten zu können. Dabei dürften die Anbieter von Notarsoftware im Mittelpunkt des Interesses stehen. Es wird interessant zu beobachten sein, wie sich die am Markt nach der aktuellen Konsolidierung verbleibenden Anbieter positionieren.

Wer die am Markt verfügbaren Angebote kennt, darf ruhig die ketzerische Frage stellen, ob das Vordringen des elektronischen Vollzugs nicht dazu führen muss, dass bestehende Produkte endlich von Grund auf neu konzipiert und modernisiert werden sollten, anstatt mit inkrementellen Updates ein immer komplexeres (und fragileres) Konstrukt aus vielen Jahren Software-Entwicklungsgeschichte weiter am Leben zu halten.

7. Datenversand von Grundbuchamt zum Notar

In seiner aktuellen Ausprägung ähnelt der elektronische Rechtsverkehr einer Einbahnstraße, in die nur ab und zu ein vereinzelter Anlieger in die Gegenrichtung einfährt. Anders ausgedrückt:

Wo der Notar Daten anliefert, die in weiten Teilen ohne größere (manuelle) Arbeit unmittelbar Eintragungs- und Veröffentlichungsgrundlage sein können, wirken die Daten, die der Notar von Handelsregister und Grundbuchamt erhält teilweise wie aus einer um Jahre hinterherhinkenden Computerwelt.

Weder die Eintragungsmitteilungen noch die Registerauskunft selbst - ganz zu schweigen vom elektronischen Grundbuchauszug - sind in einer Form weiterverarbeitbar, die auch dem Notar (abgesehen von der besseren Verfügbarkeit) die Vorteile des strukturierten Datenaustausches zugänglich machen. Zugespitzt formuliert: Wo das Gericht sich dank der Vorarbeit des Notars an Effizienzsteigerungen erfreuen kann, hat der Notar selbst die doppelte Arbeit. Dies überrascht um so mehr, als der Rückgriff auf in Register und Grundbuch vorgehaltene Daten auch die Fehleranfälligkeit durch das mehrfach notwendige manuelle Abtippen der Daten reduzieren und damit die Qualität des Gesamtverfahrens nachhaltig steigern könnte.

Außer der Möglichkeit, Daten in automatisch verarbeitbarer Form zu erhalten, wirkt derzeit insbesondere die Suche in den Grundbuchdaten hoffnungslos antiquiert. Je nach Aufbereitung der Daten im Datenbank-Grundbuch wird man bei der Namenssuche fündig oder nicht - gleiches gilt mitunter auch für die Suche nach Flurstücken. Der Sachbearbeiter rauft sich die Haare, wenn ihm der Grundbuchauszug vorliegt und der Eigentümer trotz gleicher Schreibweise bei der vorausgehenden Recherche nicht gefunden wurde.

Dieser Zustand treibt jedem Anwender die Tränen in die Augen, der in den letzten Jahren miterlebt hat, wie der Rest der Welt massive Fortschritte bei der Katalogisierung und Aufbereitung von Daten gemacht hat. Im Web 2.0 gibt es kaum noch etwas, was man mit einer gezielten Suche nicht findet - außer in den deutschen Grundbüchern...

Dabei darf man bis zu einem bestimmten Punkt Verständnis einfordern für die Schwierigkeiten, die ein Projekt mit einer bundesweiten Umstellung massiver Datenbestände bei gleichzeitiger Modernisierung und Vereinheitlichung von Programmstandards mit sich bringt. Vergleicht man allerdings die gletscherartigen Fortschritte, die in den letzten Jahren gemacht wurden, ist die Befürchtung berechtigt, dass die Modernisierung des Grundbuches sich - wie die Gletscher - allmählich vollständig in Dunst auflöst.

Wenn also der Landesgesetzgeber in den nächsten Jahren von den Notaren neuerliche Anstrengungen einfordert um das Antragsverfahren im Grundbuch effizienter zu gestalten, darf man - ausnahmsweise selbstbewußt - auch darauf pochen, dass auf der anderen Seite gleichfalls die Hausaufgaben gemacht werden. Und zwar sowohl beim "echten" Austausch von Strukturdaten als auch bei der Modernisierung des Grundbuches.

8. Das Problem des elektronischen Teilvollzugs

Während es der Notar beim Vollzug einer Registersache typischerweise ausschließlich mit dem Registergericht zu tun hat, ist die Situation bei Grundbuchabwicklungen eine Grundsätzlich andere. Hier ist eine manchmal schier unüberschaubare Zahl von weiteren öffentlichen und nichtöffentlichen Stellen einzubinden - ein Umstand der aus dem Kaufvertragsvollzug eine Aufgabe für einen hochqualifizierten Mitarbeiter macht.

Beteiligt sind:

- Gebietskörperschaften wegen baurechtlicher Vorkaufsrechte
- andere Behörden wegen notwendiger Genehmigungen
- das Finanzamt wegen Grunderwerb- bzw. Schenkungssteuer
- finanzierende Kreditinstitute
- WEG-Verwalter
- der örtliche Gutachterausschuss, etc...

Für den Notar stellt sich hier die spannende Frage, wer mit seiner Beteiligung kurz- oder mittelfristig ins elektronische Medium folgt. Die Unzahl der aktuellen Initiativen, die den virtuellen Behördenkontakt zur Regel machen möchten, lassen hier einiges erahnen.

Auf den ersten Blick scheint dies zu begrüßen. Ein einheitlicher elektronischer Vollzug ist sicherlich einer Situation vorzuziehen, in der man sich bei jedem Adressaten separat fragen muss, ob er den Antrag bzw. die Mitteilung nun lieber elektronisch oder klassisch auf dem Postweg bekommen möchte. Ganz so einfach ist es aber leider nicht. Die Erfahrung zeigt eine bedauernswerte Tendenz zum Partikularismus im elektronischen Medium - jeder hat seine eigenen Präferenzen, auf welchem Weg und in welcher Form er Daten übermittelt bekommen möchte. Sogar im gleichen Verwaltungszweig entwickeln sich unter dem Dach des Föderalismus in den unterschiedlichen Ländern abweichende Spielarten für elektronische Verfahren.

Das macht einem Berufsstand, der sowohl horizontal (verschiedene Verwaltungszweige und private Ansprechpartner) als auch vertikal (nicht auf seine Region beschränkt sondern potentiell bundesweit tätig) eine Querschnittsmaterie betreuen muss.

Viele Notare ahnen noch gar nicht, was sie hier möglicherweise in Zukunft erwartet. Ein mancher mag sich allein bei diesem Gedanken schnell in die alte Papierwelt zurückwünschen, in der er nur eine Schnittstelle (nämlich den Postboten) und ein Format (den Brief) beherrschen musste.

Es ist unerlässlich, dass mit jedem weiteren (grundsätzlich wünschenswerten) Schritt in den elektronischen Vollzug eine klare Linie zur Vereinfachung und Vereinheitlichung von Übertragungswegen und Datenstandards verfolgt wird. Sonst muss auf lange Sicht auch der Notar als "Abwicklungsprofi" vor der Komplexität kapitulieren.

9. ElRv in Grundbuchsachen im weiteren Kontext

Nicht nur von Außen werden neue Anforderungen an den Notar herangetragen. Auch innerhalb des Berufsstandes sind verschiedene Initiativen in Bewegung, welche das Berufsbild nachhaltig verändern können. So wird für die Frage der dauerhaften Verwahrung von Notarurkunden bereits ein elektronisches Archiv intensiv diskutiert. Kurz vor der Einführung steht schon das elektronische Testamentsregister, welches das Benachrichtigungswesen in Nachlasssachen revolutionieren kann.

Es scheint, als ob der Sprung in das elektronische Medium in sämtlichen Aspekten der notariellen Tätigkeit, insbesondere aber in allen Bereichen, in denen der Notar externe Nachrichten versendet oder Mitteilungen empfängt unmittelbar bevorsteht. Ein solcher Paradigmenwechsel, bei dem die Papierurkunde auf Dauer zum Sonderfall eines ansonsten für die elektronische Bearbeitung optimierten Umfeldes entwickelt, bedarf einer intensiven Diskussion und intellektuellen Befassung. Es kann für die Notare nicht damit getan sein, in immer neuen inkrementellen Schritten das nächste elektronische Verfahren in die eigene Praxis zu integrieren, ohne dass an einem Punkt die eigene Rolle, die Ansprüche und das eigene Verständnis in diesem veränderten Umfeld hinterfragt und fortentwickelt wird.

10. Sicherheit als Fundament des elektronischen Rechtsverkehrs

Eine enorm wichtige Rolle wird dabei zukünftig sicherlich der Sicherheit der von den Notaren eingesetzten Technik zukommen. Wo der Notar in der Papierwelt bislang der Vertrauensanker war, der mit den haptischen Eigenschaften der genähten und gesiegelten Urkunde auch nach außen hin für das einstand, was heute postmodern "tamper resistance" genannt wird, muss er dies auch konsequent im elektronischen Medium durchhalten. Die Verwendung der qualifizierten elektronischen Signatur ist dabei ein wichtiger Punkt. Andere Aspekte kommen dagegen in der Praxis bislang noch etwas zu kurz: Die Verwendung sicherer Übertragungswege (wie des internen Netzwerkes "NotarNet") und die durchgängige Nutzung von sicherer Verschlüsselungstechnik um die Vertraulichkeit der elektronischen

Kommunikation mit dem Notar sicherzustellen fallen dabei ins Auge. Aber auch die Sicherheit der internen Datenhaltung ist sicherlich vielfach noch verbesserungsfähig.

E-Justiz – Perspektiven in Deutschland und Europa

Dr. Joachim Püls[*]

I. Einführung

E-Justice steht für elektronisch abgewickelte Abläufe im Bereich der Justiz. Dazu zählen an erster Stelle die Kommunikation und Interaktion zwischen Gerichten und Verwaltungsbehörden einerseits, sowie Notaren, Rechtsanwälten, Bürgern und Unternehmen andererseits.[1]

Im Bereich der elektronischen Verfahrensabwicklung hat sich der Begriff des „elektronischen Rechtsverkehres (kurz: ERV)" eingebürgert.[2] Ziele der E-Justiz sind im Wesentlichen der schnelle, sichere und medienbruchfreie Austausch von Informationen und Daten (Interoperabilität) und die damit verbundene Modernisierung der Justiz. Die Bürgerfreundlichkeit – auf EU-Ebene insbesondere auch durch die Überwindung von Sprachbarrieren – ist ein weiterer Aspekt, dem bei der Umsetzung besonderes Augenmerk geschenkt wird. Schließlich trägt die aus dem Bereich der EU-Institutionen geförderte „E-Justice" zur Förderung der Integration innerhalb der Justiz als dritter Säule in hohem Maße bei.[3] Nicht nur in Folge der diversen Skandale, bei denen mit persönlichen Daten von Bürgern sorglos umgegangen wurde, stellen sich der Datenschutz und die Datensicherheit dabei als besondere Anforderung für alle Vorhaben auf nationaler und internationaler Ebene dar. So sind Standards zu definieren, die Anforderungen an Authentizität, Integrität und Identifikation festlegen, wobei dies mit Blick auf Anwendungen innerhalb der EU auf durchaus hohem Niveau erfolgen sollte.[4] Insbesondere wenn über Portalseiten Verfahrensanwendungen innerhalb der E-Justiz abgewickelt werden, dürfen vertrauliche Daten weder mitgelesen, noch verfälscht werden können. Es muss Gewissheit über die Herkunft der Daten bestehen. Dazu muss die Kommunikation über ein System von allgemein akzeptierten Zertifikaten verschlüsselt und elektronisch signiert werden.[5] Der Ausgangspunkt der politischen Umsetzung auf EU-

* Präsident der Notarkammer Sachsen und Notar in Dresden.

1 Zu weiteren Definitionen vgl. Bernhardt, E-Justice überwindet die Grenzen innerhalb Europas, JurPC Web-Dok.75/2007, Abs. 1 -43.

2 Vgl. Püls, Praxishandbuch, #.

3 Vgl. dazu sogleich unten # (Justice-Home-Security / JHA.); zu weiteren Vorzügen im Rahmen der elektronischen Abwicklung und damit verbundenen Zielsetzungen vgl. bereits Püls, DNotZ 2002, Sonderheft 26. Deutscher Notartag, S. 175.

4 Quelle Bundesverband Informationswirtschaft, Telekommunikation und neue Medien e.V. http://www.bitkom.org/files/documents/White_Paper_E-Justice_fin.pdf.

5 Quelle bitcom (Fn. 4), These 3.3.

Ebene wird mit dem Haager-Programm vom November 2004 zu sehen sein,[6] der verstärkte Wille zur Umsetzung auf EU-Ebene wird seit 2007 deutlich. Etwa um die gleiche Zeit gewinnt das Thema auch auf nationaler Ebene an Bedeutung: So wird etwa auf dem zweiten IT-Gipfel in der Bundesrepublik Deutschland das ehrgeizige Ziel formuliert, dass Deutschland bis 2012 bei E-Government eine Führungsrolle in Europa übernehmen soll. Im Folgejahr wird die Notwendigkeit der Kompatibilität der IT-Systeme von Bund und Ländern herausgearbeitet, da der Föderalismus hier bereits einen Vorgeschmack auf die innerhalb der EU zu erwartenden Probleme bietet. 2009 rückt der Sicherheitsaspekt hingegen wieder in den Focus: „Vertrauen" und „Vorteil" müssen in einem angemessen Verhältnis stehen, um den beabsichtigten Projekten zum Durchbruch zu helfen: *„ ... immer dann, wenn in der Papierwelt eine Urkunde ‚mit Siegel und Schnur' erwartet wird, wird auch in Zukunft die qualifizierte elektronische Signatur zum Einsatz kommen"*.[7] Im Jahr 2009 wird die E-Justice als Motor für E-Government hervorgehoben und Effiziensgewinne festgestellt.

Die Einrichtung einer europäischen Schnittstelle (E-Justice-Portal) steht explizit im Beschluss der Justiz- und Innenmister vom Juni 2007. Vorangegangen war im Januar 2007 eine Presseerklärung auf dem informellen Treffen der EU-Justizminister in Dresden, in der auf die Möglichkeiten des Portals auf dem Weg zum Europa als Raum der Freiheit, Sicherheit und Gerechtigkeit darstelle. Der Aktionsplan des Rates im Oktober 2008 hält den erreichten Status quo fest und gibt weitere Ziele für den Zeitraum 2009 bis 2013 vor, so insbesondere auch die Schaltung der Portalseite durch die EU. Diese ist nunmehr für den Spätsommer 2010 offiziell angekündigt.[8]

Unbeschadet der nationalen oder internationalen Ebene kristallisieren sich – neben technischen Detailfragen und nationalen/föderalen Besonderheiten – stets folgende Problemfelder heraus:

- Das Tempo der technischen Entwicklung
- Die Fortbildung bzw. die Kosten der Projektierung und Umsetzung
- Respekt und Schutz der „digitalen Persönlichkeit".

6 Haager-Programm; Punkt .3.4.3 (Ausbau der Zusammenarbeit in Zivilsachen, *http://ec.europa.eu/justice_home/doc_centre/doc/hague_programme_de.pdf, S. 32*), vgl. auch Bernhardt, aaO, Abs. 2.

7 AG 9, 3. Nationaler IT-Gipfel 2008.

8 Vgl. dazu unten; zwischenzeitlich erfolgt: Die Vertreter der europäischen Mitgliedstaaten und der Europäischen Kommission haben am 16.07.2010 das EU-Justizportal www.e-justice.eu eröffnet.

Diese Punkte können im Rahmen des heutigen Vortrages nicht vertieft werden, sind jedoch bei jedem der nachfolgend aufgeführten Einzelprojekte mit zu bedenken und stellen Politik, Programmierer und Rechtsanwender gleichermaßen vor hohe Anforderungen.

II. Ausgewählte E-Justiz-Projekte in Deutschland

Der elektronische Rechtsverkehr ist mittlerweilen bei allen Gerichten, im Geschäftsbereich des Bundesministeriums der Justiz und beim deutschen Patent- und Markenamt möglich. Die Gerichte der Länder bemühen sich, das Angebot weiter auszubauen,[9] die Politik gibt das Tempo vor.[10] Neben Informationsdiensten wie Dolmetscher- und Übersetzerdatenbanken und Hinweisen auf Zwangsversteigerungstermine fällt auf, dass insbesondere das Angebot an Registerinformationen im Bereich der freiwilligen Gerichtsbarkeit breit aufgestellt ist. Dies unterstreicht meines Erachtens einmal mehr die Bedeutung der vorsorgenden Gerichtsbarkeit mit verlässlichen Registern innerhalb der Justiz und steht in starkem Widerspruch zu den Bemühungen auf Ebene der europäischen Union, diesen – dem angelsächsischen Recht fremden – Rechtsbereich „auszutrocknen“.[11] Die konkreten Anwendungen im Bereich des ERV der Registerführung gemeinsam mit den Notaren wurden heute schon eingehend behandelt. Eine Vertiefung kann hier unterbleiben.

Weitere Projekte, die eher dem weiten Bereich des E-Government entspringen, werden ebenfalls Auswirkungen auf den Bereich notarieller Tätigkeit haben. Hier sind Vorhaben der Bundesregierung wie DE-Mail oder auch die Schaffung eines föderierten Identitätsmanagements (S. A. F. E.) zu nennen. Diese werden perspektivisch auch zur Authentifizierung in E-Justice Anwendung genutzt werden und sollten daher mit Blick auf die Bedeutung der Register, dem öffentlichen Glauben und dem damit verbundenen Vertrauen der Bevölkerung, aber insbesondere auch der Wirtschaft, sorgfältig und rechtssicher ausgestaltet werden. Hierbei zeigt sich, dass nicht alles was technisch möglich ist, dem Bürger im tatsächlichen Leben wirklich weiterhilft. Ein Blick auf den sogenannten „Hype Cycle“ im Zusammenhang mit der Einführung der elektronischen Signatur Mitte der 90er Jahre belegt dies.[12] Hier wird es vielmehr darauf ankommen, dem Bürger und insbesondere auch einer älterwerdenden Gesellschaft die Möglichkeit zu bieten, sich vertrauensvoll an in der Fläche vorhandene Berater zu wenden, die auch im Umgang mit diesen

9 http://www.justiz.de.

10 Koalitionsvertrag 5. Legislaturperiode in Sachsen, Justiz und Recht ab S. 45; Koalitionsvertrag 17. Legislaturperiode auf Bundesebene, Z. 4684 ff.

11 Zum Vertragsverletzungsverfahren der EU-Kommission Karpenstein/ Liebach, EuZW 2009, 161 ff.

12 Vgl. Gaude, Ein Modell der Technologiediffusion der elektronischen Signatur, 2009, S. 46 ff.

sicheren Techniken, aber auch im Umgang mit dem Register und den damit verbundenen Rechtsfragen für den Bürger zuverlässlich Anlaufstelle sein können. Hierin sehe ich persönlich die Aufgabe der Notare in der Fläche angesichts des demografischen Wandels, und zwar nicht nur in Sachsen mit Blick auf das Jahr 2020.[13]

III. E-Justiz-Projekte in Europa

1. E-Justice Portalseite

Es existieren bereits zahlreiche Einzelprojekte, die EU-weit den elektronischen Rechtsverkehr befördert haben.[14] Eine sinnvolle Zusammenführung dieser Einzelprojekte unter dem Dach des sog. E-Justice-Portals ist seit 2007 erklärtes Ziel der europäischen Kommission. Nach mehreren Verzögerungen ist nunmehr geplant, die Seite zur Jahresmitte 2010 einzurichten.[15] Diese Seite soll für den Bürger als Informationsportal zunächst frei verfügbare Informationen aus den jeweiligen Mitgliedsstaaten zusammenfassen. Weiter soll der Einstieg in die national vorhandenen Auskunftssysteme (nach entsprechender Authentifizierung) ermöglicht werden, wobei in einer späteren Ausbaustufe auch die Koppelung von Fachverfahren als Weg der Prozessintegration (nach einer strengen Authentifizierung) eingerichtet werden soll. Letzteres Vorhaben ist angesichts der technischen und nationalen Besonderheiten sicher eher langfristig zu sehen, freilich gibt es etwa mit dem EU-Mahnverfahren durchaus praktische Anwendungsbeispiele.

2. ENV – Europäisches Notarverzeichnis

Im April 2010 hat die Kommission Unterstützung für ein Projekt der slowenischen Notarkammer zum Aufbau eines europäischen Notarverzeichnisses signalisiert. Geplant ist unter Mitwirkung der der CNUE,[16] der Bundesnotarkammer, der österreichischen Notarkammern sowie weiteren nationalen Regierungen, den direkten Zugriff auf die Notarverzeichnisse von 21 EU-Mitgliedsstaaten sowie Kroatiens über eine einheitliche Suchplattform zu etablieren. Der Aufbau der Webseite wird es ermöglichen, nach Notaren in 24 Sprachen zu suchen und bietet darüber

13 Langfassung des Strategiepapiers Sachsen 2020 – Moderner Staat, http://www.zukunft.sachsen.de/9349.htm.

14 EU-Mahnverfahren, EU-Verordnung über Verfahren bei geringfügigen Forderungen; vgl. http://ec.europa.eu/justice_home/fsj/intro/fsj_intro_de.htm.

15 Mitteilung an die Presse vom 23.04.2010, 8920/10 (Presse 88); die Freischaltung ist inzwischen erfolgt: https://e-justice.europa.eu/home.do.

16 http://www.cnue.be.

hinaus Gelegenheit, die Besonderheiten und Funktionen des lateinischen Notariats innerhalb der EU darzustellen. Die Realisierung dieses Vorhabens soll bis 2012 abgeschlossen sein und stellt meines Erachtens einen sehr vernünftigen, bürgerfreundlichen und zügig umsetzbaren Ansatz der EU-Integration dar, was angesichts mancher Forderungen und Ziele[17] den Protagonisten auf EU-Ebene (sein es EU-Kommission oder Rat) bisweilen aus dem Blick gerät.

3. ENN – Europäisches notarielles Netzwerk

Bereits seit 2008 existiert ein Netzwerk der in der CNUE zusammengeschlossenen Notare Europas zur Lösung grenzüberschreitender Sachverhalte. Soweit in einzelnen Ländern nicht durch verfestigte bilaterale Kontakte direkt Ansprechpartner unter den Notaren bestehen (wie dies in Sachsen etwa mit dem Kolleginnen und Kollegen aus Polen und Tschechien durch regelmäßige gemeinsame Fortbildungsveranstaltungen und Treffen der Fall ist), wird hier die Möglichkeit eröffnet, Fachinformationen über namentlich benannte Ansprechpartner des Netzwerkes zu erlangen. Hierbei geht es aus Sicht eines deutschen Notars vorrangig um die Lösung rechtspraktische Fragen oder Fragen der „Rechtswirklichkeit“, die etwa alleine aus wissenschaftlichen Äußerungen des DNotI oder den einschlägigen Literaturquellen nicht oder nur unzureichend beantwortet werden können.

Das ENN wird perspektivisch weiter ausgebaut werden, und könnte die Vorstufe eines „Expertensystems“ darstellen, was durch „Onlineforen“ für die Fachanwender (Notare) ergänzt werden wird.

4. Erbrecht in Europa

Ebenfalls im Kreis der Notare in Europa unter dem Dach der CNUE geboren ist das Projekt eines Fachportals zum Erbrecht der Mitgliedsstaaten der Europäischen Union.[18] Dort sind Fachinformationen versammelt, die interessierten Bürgern, aber vorrangig auch dem rechtsanwendenden Notar die Möglichkeit bieten, sich gezielt für eine Einstiegsberatung über die Rechtslage zu informieren.

17 Vgl. z. B. die Ambitionen des Stockholm-Programms im Bereich des Strafrechts.
18 http://www.successions-europe.eu.

5. ENRW/RERT – Europäisches Netzwerk eines Testamentsregisters

Bei diesem Projekt geht es um die effektive Vernetzung der national zum Teil schon längere Zeit bestehenden Testamentsregister.[19] Mittlerweile sind acht Staaten zusammengeschlossen und haben den Pilotbetrieb schon hinter sich gelassen. Weitere Länder – darunter auch Deutschland – haben ihr Interesse signalisiert. Bekanntermaßen wird eine deutsche Teilnahme an dem Projekt davon abhängen, dass die Schaffung eines zentralen Testamentsregisters vom Bundestag und Bundesrat nach dem Vorbild des zentralen Registers für Vorsorgevollmachten beschlossen und verabschiedet werden wird.

Dieses Register ermöglicht unter den teilnehmenden Ländern die Abfrage nach bestehenden letztwilligen Verfügungen bzw. notariellen Urkunden die Einfluss auf die Änderung der Erbfolge haben. Das dient nicht nur der schnelleren Ermittlung derartiger Verfügungen im Erbfall, sondern hilft auch bei der Gestaltung notarieller Urkunden Widersprüche zu vermeiden und den Rechtsverkehr sicherer zu machen.

6. EPPDS/EPDSV – Europäische Plattform für die Prüfung digitaler Signaturen

Dieser Dienst zur Überprüfung der von europäischen Notaren elektronisch signierten Dokumente wurde unter Federführung der Bundesnotarkammer und der italienischen Notarkammer ebenfalls unter dem Dach der CNUE entwickelt. Im globalisierten ERV stellt sich die Frage nach Sicherheit und Authentizität verstärkt. Die schnelle und sichere Klärung der Frage, ob beim Erhalt elektronisch signierte Dokument der Urheber wirklich Notar ist erlangt eine zunehmende Bedeutung, je mehr sich der Rechtsverkehr elektronischer Kommunikationsmittel bedient. So ist es Ziel der als Prototyp vorliegenden Anwendung, den Einsatz von elektronisch signierten Notarurkunden, insbesondere deren Authentizität mittels technischer Vorrichtungen zu verifizieren.[20] Hierbei müssen die Probleme der mangelnden Interoperabilität der Signaturkarten und der Unterschiede im Verfahren der Erstellung digitaler Signaturen überwunden werden. Nach erfolgreich absolviertem Pilotbetrieb wird noch in diesem Jahr die Gründung einer entsprechenden Zweckgesellschaft, die Betreiber dieser Plattform sein wird, erfolgen. Somit besteht auch für andere Mitgliedsländer die Möglichkeit, sich dem Vorhaben anzuschließen.

19 European Network of Registers of Wills; Réseau Européen des Registres Testamentaires: http://www.arert.eu.

20 Gassen/Bechini, DuD 10/2008, Verifikationsplattform für elektronische Signaturen im grenzüberschreitenden Rechtsverkehr -
Ein neuer Ansatz zur Verbesserung der Interoperabilität von Signaturen.

IV. Ausblick

Der kurze Überblick zeigt, dass es gerade im Bereich der notariellen Tätigkeit gute Ansätze für eine bürgernahe und (fach)anwenderfreundliche E-Justiz gibt, die den Informationsaspekt in den Vordergrund stellt und einen sehr wichtigen Beitrag für die Integration leistet. Allerdings sind für die von der EU insbesondere auf der nächsten Stufe angedachten Lösung wie etwa EU weite Einsichten in nationale Register oder sogar den länderübergreifenden Registerrechtsverkehr neben der Vielfalt der nationalgesetzlich geregelten Fachanwendungen auch die hohen Anforderungen an Datenschutz und -sicherheit zu beachten. Hier kann und sollte kein überzogener Erwartungsdruck seitens der politischen Akteure aufgebaut werden. Dessen schienen sich die Verantwortlichen auch bei Ingangsetzung des Prozesses bewusst gewesen zu sein.[21]

21 10267/07 (Presse 125) 44: „Die zu leistenden Arbeiten sind nicht gesetzgeberischer Art und sollten in uneingeschränkter Zusammenarbeit mit den für die Prüfung von Legislativvorschlägen zuständigen Ratsgremien durchgeführt werden. Die Entwicklung der E-Justiz auf europäischer Ebene ist ein evolutiver Prozess. Die Projekte stehen allen Mitgliedstaaten offen. Aber nicht jeder Mitgliedstaat muss zwangsläufig von Anfang an im vollen Umfang an allen Aspekten der E-Justiz teilnehmen.“.

Zeitfracht Medien GmbH
Ferdinand-Jühlke-Straße 7
99095 Erfurt, Deutschland
produktsicherheit@kolibri360.de